Alles im Blick
Die wichtigsten Inhalte und Fachbegriffe auf einen Blick

Am Ziel
▸ Sitzen alle neuen Basiskompetenzen?
▸ Lösungen im Anhang

Merke
Hier steht das Wichtigste in Kürze.

Übungsaufgaben
▸ Leichte und anspruchsvolle Aufgaben
▸ Symbole kennzeichnen Computer 🖥-, Partner 👥 - und Gruppenarbeiten 👥👥.
Steht das Computersymbol in Klammern, kann die Aufgabe analog oder am Computer gelöst werden.

M-Seiten
▸ Aufgaben auf M-Niveau
▸ Zuordnung zu den Unterkapiteln

Um das digitale Material abzurufen, kann der QR-Code gescannt oder der Mediencode unter www.ccbuchner.de eingegeben werden.

Informatik

Herausgegeben von Matthias Dossenbach
und Thomas Ernst

Bearbeitet von
Oliver Bruha
Matthias Dossenbach
Thomas Ernst
Thomas Seidl

C.C.Buchner

Informatik

Mittelschule Bayern

Herausgegeben von Matthias Dossenbach und Thomas Ernst

Informatik 7

Bearbeitet von Oliver Bruha, Matthias Dossenbach, Thomas Ernst und Thomas Seidl

Zu diesem Lehrwerk sind erhältlich:
▸ Digitales Lehrermaterial **click & teach 7** Einzellizenz, Bestell-Nr. 381171
▸ Digitales Lehrermaterial **click & teach 7** Box (Karte mit Freischaltcode), ISBN 978-3-661-38117-6
Weitere Materialien finden Sie unter www.ccbuchner.de.

Dieser Titel ist auch als digitale Ausgabe **click & study** unter www.ccbuchner.de erhältlich.

Bitte beachten: An keiner Stelle im Schülerbuch dürfen Eintragungen vorgenommen werden. Das gilt besonders für die Leerstellen in Aufgaben und Tabellen.

Die enthaltenen Links verweisen auf digitale Inhalte, die der Verlag bei verlagsseitigen Angeboten in eigener Verantwortung zur Verfügung stellt. Links auf Angebote Dritter wurden nach den gleichen Qualitätskriterien wie die verlagsseitigen Angebote ausgewählt und bei Erstellung des Lernmittels sorgfältig geprüft. Für spätere Änderungen der verknüpften Inhalte kann keine Verantwortung übernommen werden.

1. Auflage, 1. Druck 2022
Alle Drucke dieser Auflage sind, weil untereinander unverändert, nebeneinander benutzbar.

Dieses Werk folgt der reformierten Rechtschreibung und Zeichensetzung. Ausnahmen bilden Texte, bei denen künstlerische, philologische oder lizenzrechtliche Gründe einer Änderung entgegenstehen.

Redaktion: Carina Keller-Maier
Layout und Satz: Wildner+Designer GmbH, Fürth
Umschlag: Wildner+Designer GmbH, Fürth
Druck und Bindung: Firmengruppe Appl, aprinta Druck, Wemding

www.ccbuchner.de

ISBN 978-3-661-**38107**-7

Digitales Material

Über QR- und Mediencodes könnt ihr in den Kapiteln auf Zusatzmaterial zugreifen. Um das digitale Material abzurufen, kann der **QR-Code** gescannt oder der Mediencode unter www.ccbuchner.de eingegeben werden.

✕ 38107-01   🔍

www.ccbuchner.de

38107-01

Kommunikations-plattformen

1

Vor der ersten Informatikstunde nach den Sommerferien denkt Paul darüber nach, an welche Themen aus dem letzten Schuljahr er sich noch erinnert.

▸ Nenne Themen aus dem Bereich „Qualität und Angabe von Quellen", die dir aus der 6. Klasse noch in Erinnerung sind.
▸ Welches war dein Lieblingsthema?

Creative Commons ⮕ Grundwissen Seite 94

Creative Commons – auch **CC-Lizenzen** genannt – erlauben es dem Urheber oder der Urheberin eines Werkes selbst zu bestimmen, wie andere Personen das Werk nutzen dürfen. Durch die Angabe der jeweiligen CC-Lizenz ist es leicht möglich zu erkennen, wie man ein Werk verwenden darf.

Icon	(i)	(nc)	(sa)	(nd)
Kürzel	by	nc	sa	nd

38107-01
Tabelle zu A1

A1 CC-Lizenzen erkennen

1. Gib die Rechte an, die der Urheber bzw. die Urheberin durch die angegebenen Lizenzen gewährt. Zur Erinnerung kannst du in deinen Unterlagen aus dem letzten Jahr nachsehen oder im Internet recherchieren. Um deine Ergebnisse einzutragen, kannst du die hinterlegte Tabelle nutzen (🖥).

Lizenzen	gewährte Rechte
A (CC) (i) (nc) (=) BY NC ND	
B (0) PUBLIC DOMAIN	
C (CC) (i) BY	
D (CC) (i) (=) BY ND	

2. Bei der Bildersuche im Internet gibt es viele nützliche Einstellungen. Finde heraus, wie sich ein Filter so einstellen lässt, dass nur CC-lizenzierte Bilder angezeigt werden. 🖥

Die Quellenangabe ⮕ Grundwissen Seite 94

Nutzt man Bilder oder Informationen anderer, ist es stets wichtig, die Quelle anzugeben. Mit Anwendung der sogenannten **TULLU-Regel** geht man sicher, dass man auch bei CC-Lizenzen eine vollständige Quellenangabe macht.

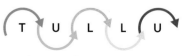

A2 Anwendung der TULLU-Regel

1. Gib an, für was die Buchstaben der TULLU-Regel stehen.
2. Nenne die Reihenfolge, in der die Bestandteile der TULLU-Regel angegeben werden müssen.
3. Wende die TULLU-Regel an einem selbstgewählten Beispiel an.

Recherchiere im Internet, falls du dich nicht mehr erinnerst.

Die Qualität von Informationen ↪ Grundwissen Seite 93

Der freie Zugang zu Informationen wird als eine wichtige Grundvoraussetzung für ein freies und selbstbestimmtes Leben angesehen. Das Internet bietet heute geradezu einen Überfluss an solchen Informationen. Dies birgt aber auch die Gefahr, dass es manchmal schwer fällt, gute von schlechten Informationen zu unterscheiden.

Wichtige Kriterien bei der Frage, ob eine Informationsquelle seriös ist:

▸ Wer ist für die Webseite verantwortlich – gibt es ein Impressum?
▸ Wird der Name der Autoren und Autorinnen bzw. Herausgeber und Herausgeberinnen genannt?
▸ Wie ist die Gestaltung der Webseite?
▸ Finde ich auf der Webseite Quellenangaben zu den Informationen?
▸ Wie aktuell ist der Inhalt der Webseite?

A3 Qualität von Informationen prüfen

1. Untersuche die Webseite deiner Schule anhand der obigen Fragen. Zu welchem Ergebnis kommst du? 🖥
2. Vergleicht eure Ergebnisse in der Klasse. Formuliert gegebenenfalls konkrete Verbesserungsvorschläge. 👥
3. An wen könntet ihr euch wenden, wenn ihr Mängel festgestellt habt? 👥

Das Kunsturheberrecht ↪ Grundwissen Seite 94

Ohne die Zustimmung einer Person, darf diese nicht einfach aufgenommen und die Aufnahme verbreitet werden. Geregelt ist dieses **Recht am eigenen Bild** im **Kunsturheberrechtsgesetz** (KUG). Es schützt neben dem Bild auch die Stimme eines Menschen. Ausgenommen von dieser Regel sind Personen der Zeitgeschichte, wenn sie ihr Amt ausüben oder wenn Personen nur als **Beiwerk auf Bildern** erscheinen.

Wird eine Person in einer peinlichen Lage fotografiert, kann ein Verstoß sogar eine Straftat darstellen.

Seitdem sich das Handy zu einem Alleskönner entwickelt hat, werden damit auch unzählige Fotos und Videos aufgenommen und gepostet. Doch auch das unterliegt festen Regeln!

A4 Das Kunsturheberrecht beachten

1. Untersuche die Fotos und Videos auf deinem Smartphone. Schätze, wie viele davon ohne die Zustimmung der betreffenden Person gemacht wurden.
2. Überlege: Kannst du mit Gewissheit bestimmen, welche Aufnahmen du nicht weitergegeben hast?
3. Besprecht in der Klasse, wie mit Bildern oder Videos auf Smartphones umgegangen werden soll. 👥
4. Formuliert für eure Klasse einen Verhaltenscodex, der das Recht am eigenen Bild garantiert. Ihr könnt dazu die hinterlegte Vorlage nutzen (🖥). 👥

38107-02
Vorlage zu A4

Unter einem Verhaltenscodex versteht man eine verbindliche Regelung unter den Mitgliedern einer Gruppe.

EINSTIEG

Anna findet in einem alten Holzkästchen auf dem Dachboden einen Brief ihres Onkels aus Australien an ihren Opa Walter. Die Besonderheit des Briefes fällt ihr gleich auf und sie möchte mehr dazu wissen.

▸ Recherchiere die Bedeutung von BY AIR Mail.
▸ Schätze, wie lange damals ein Brief von Australien nach Deutschland brauchte.

ERARBEITUNG

Kommunikation

Menschen haben seit jeher das Bedürfnis sich mit anderen Menschen über ihre Erlebnisse, Sorgen und Nöte auszutauschen sowie Wissen und Informationen weiterzugeben. Die Verständigung durch Zeichen und Sprache nennt man **Kommunikation**.

A1 Im Alltag kommunizieren

Beschreibe Situationen, in denen du mit deinen Mitmenschen kommunizierst.

Mündliche Kommunikation

Die einfachste und direkteste Form von Kommunikation ist das Gespräch. Die Gesprächsteilnehmer, **Sender** und **Empfänger**, stehen sich **face-to-face** gegenüber und tauschen sich mündlich aus.

face-to-face-Situation:
Eine Gesprächssituation, bei der sich Sender und Empfänger direkt gegenüberstehen.

Gestik: Handzeichen

…

Mimik: Gesichtsausdruck

…

synchron (*altgriechisch*):
gleichzeitig

Sender — Kommst du mit ins Kino? — Empfänger
Empfänger — Nein, ich gehe lieber schwimmen! — Sender

Neben dem gesprochenen Wort, verraten die Gestik und Mimik der Gesprächspartner, wie sie sich gerade fühlen. Diese Form – auch **synchrone Kommunikation** genannt – ist durch kurze und einfache Sätze geprägt.

Merkmale der mündlichen Kommunikation

Sender und Empfänger …

▸ sind zur gleichen Zeit am gleichen Ort.
▸ können direkt bei Verständnisproblemen nachfragen.
▸ können ihre eigene Aussage sofort korrigieren.
▸ können durch Veränderung der Stimme ihre Aussage beeinflussen.
▸ können Gestik und Mimik zur Unterstützung einsetzen.
▸ benötigen keine besonderen Fähigkeiten.

A2 Mündlich kommunizieren

1. Führe das Gespräch aus der Abbildung mit einem Partner oder einer Partnerin fort. Versuche dabei dein Gegenüber zu überzeugen. 👥
2. Identifiziere Merkmale der mündlichen Kommunikation. Fallen dir noch weitere Besonderheiten der mündlichen Kommunikation ein?

Schriftliche Kommunikation

Bei der schriftlichen Kommunikation gibt es zwei Grundvoraussetzungen für den Sender und den Empfänger:

1. Beide beherrschen die Schrift, um die Information aufzuschreiben.
2. Beide beherrschen das Lesen, um die Information zu verstehen.

Vor Entdeckung der Elektrizität war der Brief das verbreitetste Kommunikationsmittel. Der Briefaufbau folgt einer festgelegten Struktur. Aufgrund der Verzögerung, die entsteht, bis die Nachricht beim Empfänger ankommt und dieser darauf antworten kann, wird dies auch **asynchrone Kommunikation** genannt.

Merkmale der schriftlichen Kommunikation

Sender und Empfänger …

▸ können räumlich und zeitlich getrennt sein.
▸ können Informationen stets nachlesen.
▸ können erst nach der Zustellung reagieren.
▸ orientieren sich an festgelegten Strukturen.
▸ können nach dem Versenden keine Korrekturen vornehmen.
▸ können umfangreiche Informationen übermitteln.

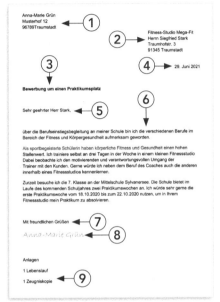

asynchron (altgriechisch): *zeitversetzt*

Post- und Ansichtskarte: Erkennst du den Vorgänger der Kurznachricht?

A3 Schriftlich kommunizieren

1. Ordne dem oben abgebildeten Musterbrief die folgenden Bereiche zu.

| Absender | Grußformel | Betreff | Anrede | Unterschrift |
| Empfänger | Brieftext | Anlage | Datum |

Du kannst dazu den hinterlegten Musterbrief öffnen ().

2. Identifiziere Grundvoraussetzungen und Merkmale der schriftlichen Kommunikation.

38107-03
Musterbrief zu A3

> **Kommunikation** ist ein Grundbedürfnis des Menschen. Man unterscheidet zwischen **mündlicher Kommunikation** (**face-to-face**-Gespräch) und **schriftlicher Kommunikation** (z. B. Brief).

MERKE

AUFGABEN

1 a) Schreibe eine Postkarte an deine Lehrkraft (Schuladresse). Erkläre ihr darin, weshalb du am Morgen zu spät in die Schule gekommen bist (Busverspätung). Du kannst dazu die hinterlegte Vorlagendatei nutzen ().

b) Vergleiche den obigen Musterbrief mit deiner Postkarte. Beschreibe, wo es Gemeinsamkeiten bzw. Unterschiede gibt.

c) Überlege dir, ob die Postkarte an die Lehrkraft ein gutes Kommunikationsmittel ist. Notiere dir jeweils Stichpunkte, die dafür bzw. dagegen sprechen.

38107-04
Vorlage zu Aufgabe 1

2 Beschreibe die Kommunikationskette.

Absender → Briefkasten → Briefverteilzentrum → Postbote → Empfänger

Opa Walter und Oma Petra verstehen die moderne Welt nicht mehr. Schon lange haben sie von ihren Enkeln keinen Brief oder Anruf mehr erhalten.

▸ Überlege woran es liegen kann, dass die Enkelkinder weder einen Brief schreiben noch zum Telefonhörer greifen.
▸ Wie geht es deinen Großeltern, kennst du diese Klagen? Berichte.

Kommunikationsplattformen

Mit der weltweiten Ausbreitung des Internets in den 80er Jahren haben der Brief oder das Telefonat stark an Bedeutung verloren. Moderne **Kommunikationsplattformen** nutzen das immer schneller werdende Internet, um Nachrichten, Bilder und Informationen zu übertragen. Unter einer Kommunikationsplattform versteht man eine technische Einrichtung zum weltweiten Austausch von Informationen und Meinungen. Dazu gehören **Instant Messenger-, Social Media-, E-Mail-** und **SMS-Dienste**.

Instant Messenger (engl.): *sofortige Nachrichten-übermittlung*

A1 Brief vs. E-Mail
Vergleiche Brief und E-Mail.
1. Recherchiere die Kosten und die Übertragungsdauer von Deutschland nach Amerika. 🖥
2. Beschreibe anhand der Abbildung die Stationen von Sender zu Empfänger.

Die Entwicklung von Kommunikationsplattformen

Bereits 1996 tauchte die erste Kommunikationsplattform auf. Neben E-Mail-Diensten (➥ 1.4, 1.5) spielen heutzutage vor allem Instant Messenger- und Social Media-Dienste eine große Rolle.

Mittlerweile lassen sich Instant Messenger und Social Media in ihrer Funktionsweise nicht mehr exakt trennen.

Instant Messenger	Social Media
▸ Kombination aus Telefonat und geschriebener Nachricht ▸ Mit heutigen Smartphones auch Sprach- oder Videoanrufe möglich ▸ Adressatenkreis: meist persönlich bekannte Personen ▸ Anzeige neuer Nachrichten durch Pushfunktion	▸ Vernetzung möglichst vieler Menschen weltweit, Teilhabe am Leben anderer ▸ Zentrales Element: Teilen eigener Ideen, Vorlieben und Ansichten mit anderen ▸ Adressatenkreis: auch unbekannte Menschen ▸ Interessierte Menschen nennt man Follower.

38107-05
Tabelle zu A2

A2 Kommunikationsplattformen nutzen 🖥

1. Recherchiere im Internet. Du kannst die hinterlegte Tabelle nutzen, um deine Ergebnisse einzutragen.
   a) Was sind aktuell die drei größten Anbieter von Instant Messenger-Diensten?
   b) Was sind aktuell die drei größten Anbieter von Social Media-Diensten?
   c) Welche Anbieter sind in den vergangenen zehn Jahren massiv gewachsen, welche nahezu verschwunden?
2. Nenne die Dienste, die du auf deinem Smartphone verwendest. Gib an, wie oft du diese nutzt. Vergleiche mit einem Partner oder einer Partnerin. 👥

Schriftlich oder mündlich – Die Grenzen verschwimmen

Bei digitalen Kommunikationsplattformen kommt es zu einer deutlichen Verschiebung der Merkmale mündlicher und schriftlicher Kommunikation: Mit einem Instant Messenger- oder Social Media-Dienst werden hauptsächlich Textnachrichten verschickt. Oft vergeht kaum sichtbare Wartezeit, bis der Empfänger diese erhält und er darauf reagieren kann. Dabei spielt die Entfernung keine wesentliche Rolle.

A3 Über Plattformen kommunizieren

1. Untersuche einen Chatverlauf auf deinem Smartphone. Begründe, ob du diesen eher als mündliche oder eher als schriftliche Kommunikation einstufst.
2. Beschreibe, was sich ändern würde, wenn du deinen Freund bzw. deine Freundin anrufen würdest, anstatt mit ihm bzw. ihr zu chatten.

> **Kommunikationsplattformen** sind digitale Einrichtungen zur **weltweiten Verbreitung von Informationen, Daten und Meinungen**. Die Merkmale von mündlicher und schriftlicher Kommunikation lassen sich dabei nicht mehr klar trennen. Herkömmliche Kommunikationsmittel wie Brief und Telefon verlieren an Bedeutung.

38107-06
Dateien zu
Aufgabe 1 und 2

1 Überlege: Welche Merkmale von schriftlicher und mündlicher Kommunikation haben sich verschoben? Welche fallen nun weg, welche sind hinzugekommen? Du kannst für deine Analyse die hinterlegte Datei nutzen (🖥).

2 Ordne die folgenden Kommunikationsmöglichkeiten zu. Du kannst dazu die hinterlegte Datei nutzen (🖥).

SMS – Chat – E-Mail – Brief – Telefonanruf – Postkarte – Videokonferenz – face-to-face-Gespräch – Messenger-App

schriftlich   eher   mündlich

3 Lisa und Sophie schreiben sich über eine Smartphone-App Nachrichten.
   a) Nenne dir bekannte Apps, die dafür in Frage kommen.
   b) Neben kurzen Texten verwenden Lisa und Sophie dabei auch Emojis und Sticker. Entscheide, ob diese Kommunikation eher schriftliche oder mündliche Merkmale aufweist.

4 Mit einem Like oder Dislike zeigen Nutzer von sozialen Medien, was ihnen gefällt oder nicht. Recherchiere, woher das Daumensymbol stammt. 🖥

Lilly ist auf der Suche nach einem Praktikumsplatz für das neue Schuljahr. Die Firma, bei der sie sich bewerben will, möchte eine Bewerbung und die Unterlagen per E-Mail von ihr haben.

▸ Überlege, ob du dein Bewerbungsanschreiben auch als E-Mail verfassen kannst.

Für E-Mail verwendet man auch oft die Kurzform Mail.

E-Mail – Der digitale Brief in der Berufswelt

E-Mails stellen die moderne Form der Briefkommunikation dar. Im Berufsleben hat die E-Mail den klassischen Brief in Papierform in vielen Bereichen verdrängt.

Vorteile

▸ Übertragung binnen weniger Sekunden
▸ sehr geringe Kosten
▸ minimaler Aufwand
▸ mehrere Empfänger gleichzeitig möglich
▸ Dateianhänge 📎 möglich: Texte, Videos, Audio- und Fotodateien

CC – carbon copy (deutsch: Durchschrift). Hier können weitere Adressaten eingefügt werden, die eine Kopie der Mail erhalten sollen.

BCC – blind carbon copy (deutsch: verborgene Durchschrift). Die E-Mail-Adressen bleiben aus Gründen des Datenschutzes jeweils verborgen.

komprimieren (lat.): *zusammendrücken*

Einen erhöhten Schutz erhält man durch die Verschlüsselung von Mails.

38107-08
Tabelle zu A1

Die erlaubte Größe von E-Mail-Anhängen ist abhängig vom Anbieter des E-Mail-Dienstes. Größere Dateien lassen sich zum Beispiel als ZIP- oder TAR- Dateien komprimieren.

Bei der E-Mail-Kommunikation gelten die gleichen Regeln wie bei einem Brief. Nur adressierte Empfänger dürfen sie lesen und die Anhänge öffnen.

Kapitel1   Kapitel1.zip

A1 Vorteile der E-Mail-Kommunikation _____

Stelle die Vorteile einer E-Mail gegenüber einem Brief dar. Nenne auch Nachteile von E-Mails. Du kannst dazu die hinterlegte Tabelle nutzen (🖥).

Ein E-Mail-Konto einrichten

to provide (engl.): *versorgen*

Es gibt verschiedene Möglichkeiten sich einen E-Mail-Account einzurichten. E-Mail-Provider, d.h. Anbieter von E-Mail-Diensten, bieten **browserbasierte E-Mail-Dienste** an. Über deren Webadresse kann man die Einrichtung des Accounts vornehmen.

E-Mails können damit von jedem PC, Tablet oder Smartphone mit Internetzugang abgerufen oder verschickt werden. Sie sind immer auf dem aktuellen Stand.

Nachteile webbasierter Maildienste

▸ oft kleines Postfach
▸ Abhängigkeit von einem Internetzugang
▸ Kostenfreie E-Mail-Dienste sind oft werbefinanziert.

Eine Alternative stellen E-Mail-Programme dar, die auf einem PC installiert werden müssen. Abgesehen vom Installationsaufwand bieten sie einige Vorteile. Beim lokalen **E-Mail-Client** können mehrere E-Mail-Konten verwaltet werden und es ist nur ein Adressbuch nötig. Eine Internetverbindung ist zum Erstellen, Lesen und Löschen der E-Mails nicht notwendig.

Damit man immer den richtigen Überblick über die ein- und ausgegangenen E-Mails hat, verfügen die Programme meist über eine übersichtliche Ordnerstruktur.

Zum Empfang und Versand von E-Mails ist eine Internetverbindung allerdings schon nötig.

A2 Vor- und Nachteile von E-Mail-Diensten

1. Stelle die Vor- und Nachteile von webbasierten E-Mail-Diensten und E-Mail-Client-Programmen gegenüber.
2. Präsentiere dein Ergebnis deiner Klasse.

MERKE

Die Vorteile einer E-Mail liegen vor allem in der hohen **Zustellungsgeschwindigkeit** und der Möglichkeit, kostengünstig viele Mails mit **digitalen Dateianhängen** zu versenden. Die **Regeln des Briefgeheimnisses** gelten weiter. Es gibt zwei Arten von E-Mail-Diensten: der **webbasierte E-Mail-Dienst** und der **E-Mail-Client**.

AUFGABEN

1 Recherchiere im Internet nach E-Mail-Client-Anbietern.

2 a) Finde mit einem Partner oder einer Partnerin heraus, welche webbasierten E-Mail-Dienste aus Deutschland ihre Dienstleistung anbieten.
b) E-Mail-Anhänge dürfen oft nur eine bestimmte Dateigröße haben. Mit welchem Anbieter aus Teilaufgabe a) kann man die größten Anhänge verschicken? Recherchiere.

3 Auch deine Schule ist über eine E-Mail-Adresse zu erreichen.
a) Finde diese über die Webseite deiner Schule heraus.
b) Nenne weitere Möglichkeiten zur schriftlichen Kommunikation, die deine Schule anbietet.

4 Lilly hat für ihr Bewerbungsschreiben einen Brief und eine E-Mail aufgesetzt. Vergleiche beide Möglichkeiten und nenne Gemeinsamkeiten und Unterschiede. Du kannst dazu die hinterlegte Datei nutzen (   ).

38107-09
Datei zu Aufgabe 4

Anna-Marie hat zahlreiche E-Mails in ihrem Postfach entdeckt. Sie wundert sich darüber, weil außer ihren Eltern, Freunden und Freundinnen noch keiner ihre E-Mail-Adresse kennt …

▸ Hast du schon einmal ähnliches beobachtet?
▸ Stelle eine Vermutung auf, woran Anna-Maries Beobachtung liegen könnte.

Spam-E-Mails

Neben Spam-Mail wird auch der Begriff Junk-Mail verwendet.

Ein E-Mail-Programm ist eine tolle Sache, doch leider bekommt man auch ganz schnell E-Mails von Personen oder Firmen, die man überhaupt nicht kennt. Häufig enthalten sie Werbe- oder Kaufangebote. Gute E-Mail-Programme filtern diese sogenannte **Spam-Mails** bereits vorab heraus und schieben sie in den **Spam-Ordner**. Doch nicht immer ist dieser Filter zuverlässig und es gelangen trotzdem lästige E-Mails ins Postfach.

Da stellt sich natürlich die Frage: Wie kommen diese Personen oder Firmen an die E-Mail-Adresse?

Immer, wenn man sich im Internet bewegt, hinterlässt man aktiv oder passiv **digitale Fußabdrücke**. Diese werden dann nach brauchbaren Informationen ausgelesen. Die E-Mail-Adresse ist eine von diesen. Die Spuren, die man hinterlässt, können minimiert werden, indem man das **Tracking** im Browser unterbindet.

A1 Digitale Fußabdrücke hinterlassen

Suche in den Datenschutzeinstellungen deines Browsers eine Möglichkeit, die Verfolgung deiner Netzaktivität zu unterbinden. Orientiere dich an obiger Abbildung.

Phishing-Mails

Noch unangenehmer als lästige Spam-Mails sind die sogenannten **Phishing-Mails**. Diese werden in der Absicht verschickt, persönliche Daten zu stehlen.

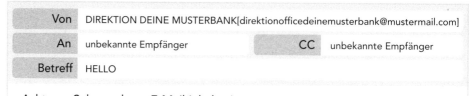

| Von | DIREKTION DEINE MUSTERBANK[direktionofficedeinemusterbank@mustermail.com] |

| An | unbekannte Empfänger | CC | unbekannte Empfänger |

| Betreff | HELLO |

Achtung: Sehr geehrter E-Mail-Inhaber!

Ich bin Frau Mueller, Direktorin und Präsidentin von Deine-Musterbank. Sie erhalten heute diese Information, weil Ihre E-Mail-Adresse in der Liste der Betrugsopfer eines Hacking-Angriffs gefunden wurde. Wir möchten Sie dafür entschädigen und Ihnen einen Betrag in Höhe von 1.500.000.00 USD (eine Million fünfhunderttausend Dollar) mit auf Ihr Konto zu überweisen. Wir können diese Zahlung nur mit folgenden Informationen ausführen:

Ihr vollständiger Name / Ihre Heimatadresse / Ihr Land / Ihre direkte Telefonnummer / Postleitzahl / Eine Kopie Ihres internationalen oder gültigen Personalausweises

Bitte senden Sie uns diese Informationen und Dokumente zu.

Die Datendiebe haben es bei Phishing-Mails auf Bank- und Zugangsdaten abgesehen. Mit falschen E-Mails versuchen sie, andere Personen zur Herausgabe ihrer Daten zu verleiten.

A2 Phishing-Mails erkennen _____

Betrachte die auf der vorherigen Seite abgebildete E-Mail genau.

1. Nenne Daten, die „abgefischt" werden sollen.
2. Nenne das Versprechen, mit dem der E-Mail-Empfänger gelockt wird.
3. Finde weitere Informationen, die den Verdacht nahe legen, dass es sich um eine Phishing-Mail handelt. Berate dich mit einem Partner oder einer Partnerin. 👥

MERKE

Bei jeder Internetnutzung hinterlässt man **aktiv** oder **passiv digitale Fußabdrücke**. Als **Spam-Mails** werden E-Mails bezeichnet, die dem Empfänger ungewollt zugeschickt werden. **Phishing-Mails** fordern dazu auf, persönliche Daten preiszugeben. Auf gar keinen Fall darf hier eine Eingabe von Daten erfolgen. Phishing-Mails gehören sofort in den Papierkorb.

AUFGABEN

1 Nutze eine Suchmaschine deiner Wahl und recherchiere die Begriffe *aktiver* und *passiver digitaler Fußabdruck*. Gib die Quellen deiner Informationen an. 🖥

2 a) Notiere in einem Cluster das Wichtigste zu Spam-Mails und Phishing-Mails.
   b) Vergleiche dein Ergebnis mit einem Partner oder einer Partnerin. 👥

3 Überprüfe die abgebildete E-Mail. Entscheide, ob es sich um eine gefährliche oder ungefährliche E-Mail handelt. Begründe deine Entscheidung.

Von	MY STREAM Kundeninformation [kundenservice@mustermail.de]	
An	musterkunde@playmail.de	CC
Betreff	Wichtige Erneuerung	

Zu Deiner Erinnerung

Datum 25.05.2022

Hallo lieber Nutzer, liebe Nutzerin,

hiermit informieren wir dich über unsere Umstellung. **Die Aktualisierung ist bis zum 26.05.2022 durchzuführen.** Es geht auch ganz leicht und in ein paar Sekunden kannst du wie gewohnt weiter streamen! Melde dich gleich auf **deinem Account** an.

Benutzername: [   ]   Passwort: [   ]

Mit freundlichen Grüßen
Dein Kundenservice von MY STREAM

4 Neben Bankdaten haben es die Phishing-Täter auch auf Kontodaten von Streaming- und Verkaufsplattformen abgesehen. Informiere dich auf der Webseite der Verbraucherzentrale, welche Plattformen aktuell besonders betroffen sind. 🖥

EINSTIEG

Eugen ist bei der Suche nach einem neuen Smartphone auf eine neue Firma gestoßen. Die Angebote sehen gut aus, auch die Kundenbewertung ist nicht zu überbieten.

▸ Gib Eugen Tipps, wie er die Kundenbewertung überprüfen kann.

▸ Weniger als ein Stern kann nicht vergeben werden. Überlege, welche Wirkung dies hat.

ERARBEITUNG

Einsatz von Bots zur Verkaufsförderung

Das Internet bietet eine Fülle verlockender Angebote. Damit ein unschlüssiger Kunde sich doch zum Kauf entschließt, sind positive Kundenbewertungen oft ein entscheidendes Argument. Diese gelten als objektiv und sind eine Art Qualitätssiegel. Dieses Vertrauen machen sich allerdings unseriöse Geschäftsleute zu Nutze.

Bots: Abkürzung für Roboter

Mithilfe von Computerprogrammen, sogenannten Bots, werden künstlich **Fake-Rezensionen** erzeugt.

Fake-Accounts (engl.): *vorgetäuschte Konten*

Rezension: *Bewertung*

Merkmale von Fake-Rezensionen

▸ Auffällig viele positive Bewertungen bei einem Neuprodukt

▸ Sehr lange Bewertungen, die eher an einen Werbetext erinnern

▸ Verwendung von Superlativen (beste, schnellste, größte, …)

▸ Ausschließlich positive Bewertungen für ein Produkt sind ungewöhnlich

A1 Bots in der Verkaufsförderung erkennen

1. Untersuche auf einer Verkaufsplattform deiner Wahl Kundenbewertungen. Wende dabei die oben genannten Erkennungshilfen an.
2. Vergleiche deine Ergebnisse mit einem Partner oder einer Partnerin. 👥

Social Bots – Manipulation von Meinungen und Einstellungen

Neben dem Einsatz von Computerprogrammen zur Verkaufsförderung, finden sich in den sozialen Netzwerken sogenannte **Social Bots**. Diese **imitieren** echte Menschen bereits erstaunlich gut und werden somit zunehmend zu einer ernsthaften Gefahr. Social Bots bewegen sich auf den Kommunikationsplattformen mittlerweile so gut, dass man einen Social Bot kaum noch von einem realen

Social-Media-Accounts, die lange nicht mehr benutzt wurden, können von den Bots heimlich übernommen – gekapert – werden.

Menschen unterscheiden kann. Dabei nutzen sie **Fake-Accounts** oder kapern Konten, die längere Zeit nicht genutzt werden.

Ziel von Social Bots ist es, Stimmungen und Meinungen von Menschen zu beeinflussen.

Merkmale von Social Bots

▸ Anzahl an Posts pro Tag: Bei mehr als 50 Posts pro Tag ist Vorsicht geboten.

▸ Bots antworten ungewöhnlich schnell.

▸ Beachte die Uhrzeiten der Posts (ein Mensch muss schlafen, ein Bot nicht).

▸ Aus welchem Land wird gepostet (ein Bot kann zeitgleich in Russland, China und den USA sein)?

▸ Bots posten sehr oft zu den gleichen Themen.

Eine sichere Methode, solche Bots zu erkennen gibt es nicht, allerdings gewisse Hinweise.

A2 Social Bots

1. Erkläre, was man unter Social Bots versteht.

2. Recherchiere im Internet nach zwei Fällen von Manipulation durch Social Bots. 🖥

Kundenbewertungen dienen der Verkaufsförderung, können jedoch auch missbraucht werden: **Fake-Rezensionen** werden in betrügerischer Absicht künstlich erstellt. **Social Bots** sind Computerprogramme, die heute in der Lage sind, sich im Netz als reale Menschen auszugeben. Sie nehmen mit **Fake-Accounts** an Diskussionen teil und posten ihre Meinung in sozialen Netzwerken. Dabei versuchen sie die Meinung der anderen in ihrem Sinne zu manipulieren.

MERKE

1 a) Recherchiere im Internet, in welchen Bereichen besonders oft mit Fake-Rezensionen auf Kundenfang gegangen wird. 🖥

b) Suche im Internet nach Organisationen, die Produkte nach festgelegten Kriterien testen und bewerten. 🖥

AUFGABEN

2 Gut programmierte Bots sind in der Lage eine Art von Gespräch in sozialen Netzwerken zu starten und eine Diskussion auszulösen. 👥

a) Stellt euch vor, ein Bot würde in euren Gruppenchat unbemerkt eindringen und eine Diskussion beginnen. Welche Folgen könnte das haben? Diskutiert in der Gruppe.

b) Überlegt euch eine Taktik, um den Bot zu entlarven.

3 Ein Drittel der Posts im amerikanischen Präsidentschaftswahlkampf stammt nicht von Menschen, sondern von Social Bots. Dabei unterstützten 80% dieser Posts Donald Trump.

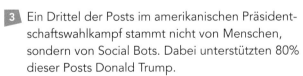

a) Erkläre, wie dadurch die Meinung einer breiten Öffentlichkeit beeinflusst wird.

b) Diskutiere dein Ergebnis in der Klasse. 👥

4 Es gibt auch positive Anwendungsgebiete für Bots.

a) Finde im Internet Beispiele für gute Bots. 🖥

b) Beschreibe deren Anwendungsbereiche und Nutzen für die Menschen.

c) Beurteile, wie zuverlässig diese Bots arbeiten. Suche dazu im Internet nach Hinweisen. 🖥

Es gibt auch Progamme, die dir helfen Social Bots aufzuspüren.

5 Überlege dir zusammen mit einem Partner oder einer Partnerin Fragen, mit denen ein Bot als Computerprogramm entlarvt werden kann. 👥

Nun ist Anna-Marie schon ein alter Hase im Umgang mit ihrem E-Mail-Account. Hauptsächlich kommuniziert sie mit ihren Freunden und Freundinnen aber über Social Media Kanäle. Dabei bekommt sie allerdings langsam den Eindruck, als würde sie von irgendjemanden beobachtet werden.

- ▸ Hast du schon ähnliche Erfahrungen gemacht?
- ▸ Stelle Vermutungen auf, wie Anna-Marie zu diesem Eindruck kommen könnte.

Filterblasen

Der aktive und passive Fußabdruck begleitet einen Internetnutzer, wann immer er sich im Netz bewegt. Neben Standortdaten durch das Einwählen in eine Funkzelle, hinterlässt man eine ganze Reihe von Hinweisen auf seine eigene Person.

Hinweise auf die eigene Person:
- ▸ Wo hast du was, wann eingekauft?
- ▸ Gehst du oft ins Schwimmbad oder ins Kino?
- ▸ …

Aus all diesen Informationen wird ein sehr genaues Bild erstellt, fast wie ein **digitaler Zwilling**. Das Netz weiß, was man denkt, mag, fühlt und sich wünscht, und versorgt einen mit entsprechenden Informationen und Angeboten. Man spricht von einer **Filterblase**.

Diese Blase verhindert, dass man selbstbestimmt durchs Leben geht, da nur noch Informationen zugänglich gemacht werden, die dem errechnetem Netzprofil entsprechen. Von den anderen Dingen wird man durch die Blase abgeschirmt.

A1 Filterblasen erkennen

1. Erkläre einem Partner oder einer Partnerin, was man unter einer Filterblase versteht. 👥
2. Hattest du auch schon einmal das Gefühl, im Netz beobachtet worden zu sein? Erkläre, wie es zu solch einem Eindruck kommen kann.
3. Nenne Auswirkungen, die Filterblasen für dein Leben haben können.

Echokammern

Besonders problematisch werden Filterblasen, wenn sie die Meinung und das Denken beeinflussen.

Alle gesammelten Informationen führen bei Menschen dazu, dass die Filterblase kein anderes Denken mehr zulässt. Die Menschen tauschen sich ausschließlich in ihrer Social Media Gruppe aus, somit verfestigt sich ihre Meinung immer stärker: Wie ein Echo wird sie innerhalb

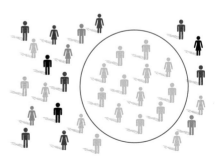

Am Ende wird alles abgelehnt oder gar bekämpft, was nicht dieser Denkweise entspricht.

der Gruppe immer wieder zurückgegeben. Man spricht deshalb von **Echokammern**.

A2 Echokammern verstehen

1. Erkläre einem Partner oder einer Partnerin, was man unter einer Echokammer versteht. 👥

2. Überdenke, welche Rolle Social Bots in Bezug auf Echokammern spielen können.

3. Finde durch gezielte Internetsuche heraus, ob Social Bots verstärkt bei Social Media Gruppen extremer politischer Gruppierungen auftreten. 🖥

Durch digitale Spuren im Internet werden sehr genaue Profile (**digitale Zwillinge**) erstellt: Das Netz weiß über Wünsche, Sorgen und Nöte Bescheid. Entsprechend gelangen nur noch gefilterte Informationen und Angebote durch die **Filterblase**. In der **Echokammer** stehen Menschen mit gleichen Ansichten und Denkweisen im engen Kontakt. Andere Meinungen dringen nicht vor.

1 Überlege, ob du durch dein Verhalten im Internet bereits Hinweise auf eine Filterblase erkennen kannst. Erhältst du z. B. auf deinem Smartphone häufiger Nachrichten zu Themen, die du auch schon im Internet angesehen hast?

2 Teste die Auswirkungen, die das Verhalten im Internet hat an einem Beispiel. Besuche gehäuft Webseiten zum Thema Haustier (Hund, Katze, …). Beschreibe, was dir auffällt. 🖥

3 Wie beeinträchtigen Filterblasen euer Handeln? Startet in der Klasse folgenden Versuch. 👥 🖥

   a) Einigt euch in der Klasse auf die Verwendung der gleichen Suchmaschine.

   b) Gebt nun alle den gleichen Suchbegriff ein.

   c) Notiere dir die ersten fünf Treffer.

   d) Vergleicht anschließend die Ergebnisse. Was stellt ihr fest?

4 Du erhältst von deiner Lehrkraft die Aufgabe mit deinem Smartphone ein bestimmtes Hotel in London zu suchen und Preise herauszufinden. Die Vorgaben über Reisezeitraum, Anzahl der Personen und Übernachtungsoptionen sind exakt festgelegt. Vergleiche deine Suchergebnisse mit denen eines Partners oder einer Partnerin. 👥

5 a) Erkläre anhand der Abbildung, wie eine Echokammer entsteht.

   b) Nenne Probleme, die aus einer Echokammer entwachsen können.

   c) Diskutiert eure Ergebnisse in der Klasse. 👥

6 a) Erarbeite den Unterschied zwischen einer Filterblase und einer Echokammer.

   b) Stelle dein Ergebnis aus Teilaufgabe a) deiner Klasse vor. Findet ihr weitere Unterschiede? Tragt eure Ergebnisse zusammen. 👥

EINSTIEG

Simon mag seit Tagen nicht mehr in die Schule gehen. Seiner Mutter erzählt er, er habe Bauchschmerzen, doch einen Arzt will Simon nicht aufsuchen. So richtig glauben mag Simons Mutter die Krankengeschichte nicht, doch der Junge wird stumm, sobald die Mutter mit ihm sprechen möchte.

▸ Überlege, welche Sorgen Simon belasten könnten.
▸ Wem könnte sich Simon anvertrauen?

ERARBEITUNG

Cyber-Mobbing

Das bewusste Ärgern, Beleidigen, Bedrohen oder Belästigen von Menschen über einen langen Zeitraum hinweg ist als **Mobbing** bekannt.

Findet dieses Mobbing in sozialen Netzwerken statt, nennt man das **Cyber-Mobbing**. Die große **Verbreitung** und die scheinbare **Anonymität** machen das Cyber-Mobbing so hinterhältig.

anonym (lat.): unerkannt, versteckt handeln

Vier Kategorien des Cybermobbings			
Schikane	Verleumden/Gerüchte verbreiten	Bloßstellen	Ausgrenzen/ Ignorieren

Beteiligte lassen sich in die Gruppen **Täter**, **Mitläufer** und **Opfer** unterscheiden.

Täter	Mitläufer	Opfer
Bewusste Schädigung	Nimmt Schädigung in Kauf	Erlebt Schädigung unmittelbar und überall
Handelt im Schutz der Mitläufer	Handelt oft aus Angst selbst Opfer zu werden	Kann Täter und Mitläufer nicht unterscheiden
Fühlt sich bestätigt und motiviert durch die Mitläufer	Fühlt sich in der Gruppe der Mitläufer sicher	Hilflosigkeit

Opfer von Cyber-Mobbing brauchen Hilfe. Von sich aus hören die Täter nur auf, wenn der Schutz der Mitläufer entfällt. Die Mitläufer haben die Macht, den Täter zu isolieren.

38107-10
Tabelle zu A1

A1 Was ist Cyber-Mobbing? _____

1. Nenne Anzeichen, die es für Cybermobbing geben kann.
2. Sammelt eure Ergebnisse in der Klasse. Ihr könnt dazu die hinterlegte Tabelle nutzen (🖥).

Sprache

Die Sprache spielt beim Cyber-Mobbing eine wichtige Rolle.
Hatespeech ist geprägt von üblen Beschimpfungen und
Beleidigungen. Durch verbindliche Verhaltensregeln
für die Kommunikation im Internet kann das Problem
entschärft werden. Diese werden als **Netiquette**
bezeichnet.

hate (engl.): *Hass*
speech (engl.): *Ansprache,
Rede*

Netiquette setzt sich aus den
Wörtern „Net" für Internet und
„Etiquette" für Verhaltensregel
zusammen.

A2 Cybermobbing erkennen und reagieren
Sprecht in der Klasse über eure Erfahrungen mit Cyber-Mobbing.
1. Kennt ihr jemanden, der über soziale Netzwerke gemobbt
   wurde oder sogar noch gemobbt wird?
2. Legt gemeinsam ein Helfersystem fest, in dem geregelt ist, wer alles informiert
   werden muss.

MERKE

Unter **Cyber-Mobbing** werden bewusste Beleidigungen, Bedrohungen oder
Belästigungen von Menschen verstanden, die mithilfe von Kommunikationsmedien weit verbreitet werden. **Täter** handeln im Schutz von **Mitläufern**. Verbindliche Verhaltensregeln werden als **Netiquette** bezeichnet.

AUFGABEN

1 Betrachtet den abgebildeten Chatverlauf.
  a) Überlegt in der Klasse, wie der Chatverlauf Aus-
     gangspunkt für Cyber-Mobbing sein könnte.
  b) Dieser Chatverlauf war frei erfunden. Oft werden
     Screenshots von Chats als Beweis vorgezeigt. Mit
     einem Fake-Generator lassen sich aber alle möglichen
     Chatverläufe erfinden. Nenne Situationen, in denen
     dies missbraucht werden kann.

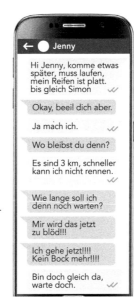

2 Klassen- und Schulregeln sorgen dafür, dass sich alle
Schülerinnen und Schüler an einer Schule wohlfühlen.
Das soll auch dann möglich sein, wenn ihr euch in Video-
konferenzen oder Chats begegnet.
  a) Formuliert gemeinsam in der Klasse verbindliche
     Verhaltensregeln für den Umgang miteinander im
     Internet.
  b) Einigt euch auf zehn feste Regeln und schreibt diese
     auf ein großes Plakat.
     Mit eurer Unterschrift bestätigt jeder die Verbindlichkeit der Vereinbarungen.
     Hier stehen ein paar Hinweise, die euch dabei helfen können:

Seid nett im Netz – Netiquette für unsere Klasse

- Respektvoller und wertschätzender Umgangston.
- Das Internet ist **kein** rechtsfreier Raum.
- Rassistische, diskriminierende, sexistische oder gewaltverherrlichende
  Inhalte haben nirgendwo etwas verloren.
- Unangemessene Inhalte wie persönliche Angriffe und Beleidigungen
  sind absolutes Tabu.
- Verbreitung von Falschinformationen zerstört die Gemeinschaft.

Im vorangegangenen Kapitel habt ihr einiges über das Problem des Cyber-Mobbings erfahren.

Ihr seid nun die Experten und Expertinnen an eurer Schule. Alle Schülerinnen und Schüler wollen sich wohl und sicher fühlen. Deshalb ist es entscheidend, dass **alle Mitglieder der Schulgemeinschaft** über das Problem des Cyber-Mobbings aufgeklärt werden.

In Workshops sollen alle Teilnehmenden zunächst von euch – dem Expertenteam – auf das Problem hingewiesen und mit den wichtigsten Fakten versorgt werden. Anschließend erarbeiten die Teilnehmenden Verhaltensregeln und ein Helfersystem.

Am Ende werden die Ergebnisse gemeinsam bewertet und auf einem großen Workshop-Plakat notiert.

Workshop: Ein Workshop ist eine geleitete Veranstaltung, bei der die Teilnehmenden selbst Themen erarbeiten.

Sitzordnung: Bei einem Stuhlkreis werden die Teilnehmenden am besten zur Mitarbeit aktiviert.

PHASE 1

38107-11
Vorlage Experten-Team

Vorbereitung I: Einteilung der Experten-Teams

Eure Lehrkraft teilt euch in Experten-Teams ein. Jedes Team bereitet seinen eigenen Workshop vor.

Experten-Team	Namen	Workshop-Klasse
Team 1		
Team 2		
Team 3		

PHASE 2

Vorbereitung II: Festlegung der Aufgaben

Legt in eurem Team einen **Kapitän** und einen **Zeitschiedsrichter** fest.

 Der Kapitän führt das Team und trägt damit eine große Verantwortung.

 Der Zeitschiedsrichter hat im Blick, ob die Aufgaben rechtzeitig fertig werden.

Besprecht euch in eurem Experten-Team, wer welche Aufgabe übernimmt. Es ist hilfreich, gewisse Aufgaben in Zweier-Teams zu bearbeiten.

38107-12
Vorlage
Aufgabenverteilung

Aufgabe	Name(n)	Material	Zeit
Comic-Erstellung			
Fakten-Präsentation			
...			

PHASE 3

Darstellung des Problems – Ein Comic

Die Problemdarstellung erfolgt über einen selbstgestalteten Comic. Überlegt euch gemeinsam eine Geschichte, die ihr erzählen wollt. Die Geschichte kann einen offenen Anfang und/oder ein offenes Ende haben (Kurzgeschichte).

Vorgehensweise:

▸ Geschichte/handelnde Personen ausdenken
▸ Bildmaterial erstellen, z. B. eigene Fotos oder Zeichnungen
▸ Comic erstellen, z. B. mithilfe der hinterlegten Vorlage
▸ Präsentation

38107-13
Vorlage Comic

PHASE 4

Fakten-Präsentation

Bei der Erstellung der Fakten-Präsentation könnt ihr euch am vorherigen Kapitel orientieren.

4 Kategorien des Cybermobbings			
Schikane	Verleumden/ Gerüchte verbreiten	Bloß- stellen	Ausgrenzen/ Ignorieren

Fakten: Nachprüfbare Informationen zu einem Thema

Beachte bei der Präsentationserstellung die bereits aus der sechsten Klasse bekannten Punkte:

▸ Gestalte deine Folien durchgängig gleich.
▸ Achte auf die Animation – weniger ist mehr!
▸ Achte auf eine gut erkennbare Schriftart und Schriftgröße.
▸ Sei sparsam mit der Folienzahl.
▸ In der Kürze liegt die Würze: Stichpunkte statt lange, umständliche Sätze.
▸ Ein Bild sagt mehr als tausend Worte.

PHASE 5

Ideensammlung

Nun beginnt der aktive Teil der Teilnehmenden. Das Experten-Team übernimmt die Moderationsrolle:

▸ Aufruf sich meldender Schülerinnen und Schüler
▸ Impulsfragen, falls Gesprächsrunde verstummt
▸ Zur Ordnung bitten, falls Gesprächsdisziplin verletzt wird
▸ Beiträge notieren/anschreiben lassen
▸ Zeit im Blick haben – Ideensammlung beenden

PHASE 6

Auswertung

Das Ergebnis des Workshops soll in einem großen Plakat münden, das auf der einen Seite verbindliche Regeln benennt, auf der anderen Seite das Helfersystem an der Schule darstellt. Welche Punkte wichtig sind, legen die Teilnehmenden fest. Das Experten-Team moderiert die Auswertung. Das Ergebnis wird dann vom Experten-Team gemeinsam vorgestellt.

Phasen des Workshops im Überblick

	Phase	Inhalt	Aufgaben	Material
1 + 2	Vorbereitung	Einteilung Team Festlegung der Aufgaben		Vorlagen Textdateien
3	Problem-darstellung		Comic-Präsentation	Präsen-tations-software/ Projektions-mittel
4	Fakten		Informations-präsentation	Präsen-tations-software/ Projektions-mittel
5	Ideensamm-lung		Moderation/ Notieren der Ideen	Flipchart/ Textver-arbeitungs-software/ Projektions-mittel
6	Auswertung		Moderation/ Notieren des Endergebnis-ses/Präsen-tation	Flipchart/ Textver-arbeitungs-software/ Projektions-mittel

Tipps für eine gute Moderation

Bei der Moderation müsst ihr die gleichen Dinge beachten, wie bei einer Präsentation.

▸ **Übung macht den Meister**
Übt eure Moderations-/Präsentationsaufgaben mehrfach. Unterstützt euch, falls einer mal nicht weiterweiß.

▸ **Moderationskarten**
Du musst nicht alles auswendig können. Fertige dir Moderations-/Präsentationskarten an. Hier notierst du dir wichtige Stichpunkte für den Ablauf.

▸ **Sprich langsam und nicht zu leise**
Als Moderator oder Präsentator bist du der Chef im Ring. Entsprechend deutlich sollte deine Stimme zu verstehen sein. Eine entsprechende Körperhaltung und Atmung helfen dir dabei.

▸ **Technik-Check – doppelt gecheckt funktioniert besser**
Zu einer guten Vorbereitung gehört, dass das benötigte Material rechtzeitig fertiggestellt wird. Gleiches gilt für die Technik, die im Workshop zum Einsatz kommen soll. Lieber alles doppelt kontrollieren. Für den Fall der Fälle, überlegt ihr euch einen Notfallplan.

PHASE 7

Feedback

Nachdem nun alle Experten-Teams ihre Workshops gehalten haben, ist ein Vergleich der jeweiligen Ergebnisse und der Erfahrungen spannend.

1. Setzt euch in der Klasse zu einem Gesprächskreis zusammen. Bestimmt wieder einen Moderator. Dieser wird die Feedback-Runde leiten.

2. Die Teamkapitäne stellen dazu in der Klasse das jeweilige Workshop-Plakat vor.

3. Diskutiert in der Klasse die Ergebnisse. Was ist gleich, wo sind Unterschiede erkennbar?

4. Tauscht euch nun in eurem Experten-Teams darüber aus, was bei dem Projekt gut gelaufen ist und was weniger. Welche Dinge können beim nächsten Mal verbessert werden? Vergebt jeweils grüne/rote Bewertungspunkte.

38107-14
Vorlage Feedback

Team	gut gelaufen	nicht gut gelaufen	Verbesserungs-vorschlag
Aufgaben-verteilung	● ● ● ●	●	
Zeitmanagement			
...			

5. Die Team-Kapitäne tragen die Ergebnisse der Klasse vor.

1 Vergleiche mündliche und schriftliche Kommunikation.

Nenne Unterschiede und Gemeinsamkeiten zwischen mündlicher und schriftlicher Kommunikation.

Gib an, in welchen Fällen sich mündliche und schriftliche Kommunikation nicht mehr so leicht trennen lassen.

2 Analysiere einen beliebigen Gruppenchat-Verlauf auf deinem Smartphone.

a) Beschreibe, wie es die Kommunikation beeinflusst bzw. beeinflussen würde, wenn genau zwei Personen daran teilnehmen dürften.

b) Stelle dein Ergebnis deiner Klasse vor.

a) Beschreibe, wie sich die Kommunikation verändern würde, wenn jeder Beteiligte jeweils nur eine Nachricht senden dürfte.

b) Stelle dein Ergebnis deiner Klasse vor.

3 Kommunikationsplattformen werden zu unterschiedlichen Zwecken eingesetzt, z. B. für ein digitales Tagebuch, eine Fotogeschichte oder eine Selbstdarstellung von Personen und Firmen.

Zu welchen Zwecken setzt du deine Kommunikationsplattformen ein? Gib drei Beispiele dafür an.

Finde im Internet heraus, welche Absicht die großen Kommunikationsplattformen ursprünglich verfolgten. Denke an die Quellenangabe.

4 Die meisten Kommunikationsplattformen sind für den Nutzer kostenfrei.

Welche Kommunikationsplattform verzeichnet aktuell die meisten Nutzer? Recherchiere im Internet und gib deine Quelle korrekt an.

a) Ermittle den aktuellen Börsenwert und den Jahresumsatz einer Kommunikationsplattform deiner Wahl. Denke an die Quellenangabe.

b) Recherchiere, wie das Unternehmen sein Geld verdient.

5 Deine Klasse plant den Besuch des Schlossmuseums Seehof, um sich Werke aus der Zeit des Barocks im Original ansehen zu können.
Ihr bittet den Förderverein eurer Schule um eine finanzielle Unterstützung für die Fahrt und den Eintritt.

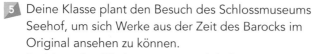

Verfasse mit einem Partner oder einer Partnerin eine passende E-Mail.
Du kannst hierfür die hinterlegte Vorlage verwenden ().

Busfahrt: 375 €
Eintritt: 75 €

Verfasse mit einem Partner oder einer Partnerin eine E-Mail an ein örtliches Busunternehmen und bittet es darum, ein Angebot für diese Fahrt zu erstellen. Du kannst hierfür die hinterlegte Vorlage verwenden ()

15 Personen;
23. Oktober

6 Sicherlich hast du deinem Banknachbarn oder deiner Banknachbarin schon einmal heimlich ein Zettelchen geschrieben. Überprüfe anhand der Merkmale, ob es sich dabei eher um eine schriftliche oder eine mündliche Botschaft gehandelt hat.

7 Die Grenze zwischen derber Sprache und handfester Beleidigung verschwimmt sehr oft.
a) Legt in der Klasse fest, welche Worte ihr als verletzend oder beleidigend einstuft.
b) Überlegt, ob sich Unterschiede zu eurer „Freizeitsprache" feststellen lassen.
c) Beobachtet über einen Schultag hinweg, wie oft verletzende oder beleidigende Worte unter Mitschülern fallen. In welchen Situationen passiert das? Finden diese Vorgänge nach der Schule eine Fortsetzung?

8 In der JIM-Studie werden regelmäßig Daten zum Medienkonsum erhoben.

Verbreiten von falschen/beleidigenden Informationen 2020

– „Es hat schon mal jemand falsche oder beleidigende Sachen über mich per Handy oder im Internet verbreitet" –

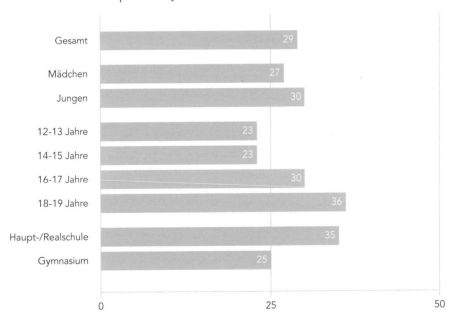

Quelle: JIM 2020, Angaben in Prozent, Basis: alle Befragten, n = 1200

Beantworte die folgenden Fragen anhand des obigen Diagramms. Belege deine Antworten mit den Angaben aus dem Diagramm.
a) Mit welchem Bereich des Medienkonsums befasst sich die Grafik aus der JIM-Studie 2020?
b) In welcher Altergruppe finden die häufigsten Beleidigungen statt?
c) Welche Aussage kannst du über die Geschlechterverteilung treffen?
d) Weshalb lässt sich über die Verteilung auf die Schularten zum Teil keine eindeutige Aussage treffen? Begründe.

9 a) Erstelle einen Steckbrief zu einer Social Media Plattform. Deine Lehrkraft verrät dir zu welcher Plattform. Dabei sollen unter anderem die folgenden Punkte Berücksichtigung finden.

- Gründungsjahr und Gründungsort
- Entwicklung der Nutzerzahlen
- Entwicklung der Umsatzzahlen
- Kommunikationsabsicht
- Erweiterungen durch Zukäufe
- Altersschnitt der Nutzer

b) Präsentiere deinen Steckbrief deiner Klasse.

10 Analysiere die abgebildetet E-Mail.

∨ Von	"Deine Musterbank" <DeineMusterBank@mustermail.xyz.hr>
Betreff	Kundenmitteilung

Sehr geehrter Kunde, sehr geehrte Kundin,

wir möchten Sie freundlichst auf die anstehende Aktualisierung Ihrer Nutzerdaten hinweisen.

Wir haben unsere Sicherheitsstandards erhöht und aus diesem Grund ist eine Aktualisierung Ihrer Nutzerdaten notwendig. Diese Aktualisierung ist zu Gunsten Ihrer Sicherheit unbedingt nötig.

Dies geht für Sie auch ganz leicht. Starten Sie die Aktualisierung einfach über den unten angeführten Button:

Hier starte ich meine Identifikation

Wir danken für Ihr Verständnis und bitten die Unannehmlichkeiten zu verzeihen.

Mit freundlichen Grüßen

Deine Musterbank

Impressum   AGB   Datenschutz   Nutzungsbedingungen   Barrierefrei

a) Beschreibe, woran du erkennst, dass hier jemand Daten-Phishing betreibt.
b) Nenne diejenigen Elemente der Mail, die dafür sorgen, dass eine Echtheit vorgetäuscht wird.

11 Social Bots stehen im Verdacht, die Brexit-Entscheidung in Großbritannien beeinflusst zu haben.

a) Recherchiere im Internet, was du hierzu an Fakten herausfinden kannst. Denke an die Quellenangaben für deine Informationen. 💻

b) Tragt eure Ergebnisse in der Klasse zusammen. 👥

BREXIT

12 23 % der Jugendlichen geben an, dass eine Person aus ihrem Bekanntenkreis schon einmal im Internet gemobbt wurde. Recherchiere im Internet, welche anderen Bevölkerungs- oder Berufsgruppen besonders Hasskommentaren oder Beleidigungen ausgesetzt sind. Gib deine Quelle an. 💻

13 Das Phishing-Problem beschränkt sich nicht mehr nur auf den E-Mail-Verkehr.

a) Recherchiere im Internet, was sich hinter den Begriffen „Smishing" und „Vishing" verbirgt. 💻

b) Stelle dein Ergebnis einem Partner oder einer Partnerin vor. 👥

M1 Kann man eigentlich nicht kommunizieren?
Setze dich einem Partner oder einer Partnerin gegenüber und versucht nicht miteinander zu kommunizieren. Gelingt das Experiment? 👥

➥ Unterkapitel 1.2

a) Nenne Informationen, die du deinem Partner oder deiner Partnerin entlocken konntest, ohne dass auch nur ein Wort gesprochen wurde.
b) Beschreibe, wie du Informationen identifizieren konntest.

M2 Du möchtest dich mit einem Freund oder einer Freundin für das Wochenende verabreden.

a) Du darfst nur eine Kurznachricht mit insgesamt 120 Zeichen schreiben. Als Zeichen gelten Buchstaben, Satzzeichen, Leerzeichen und Emojis. Gelingt die Verabredung? Begründe.
b) Diskutiere anschließend mit einem Partner oder einer Partnerin, wie die Verabredung zustande gekommen wäre, wenn ihr mehrere Nachrichten hättet schicken dürfen. 👥

M3 Beim Versenden einer E-Mail kommen soge-nannte Protokolle und Dienste zum Einsatz:

➥ Unterkapitel 1.3

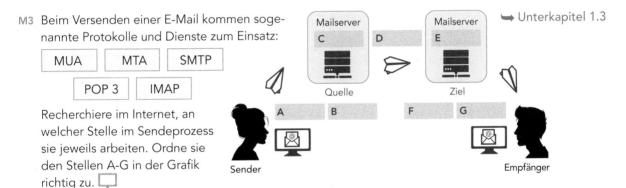

MUA	MTA	SMTP

POP 3	IMAP

Recherchiere im Internet, an welcher Stelle im Sendeprozess sie jeweils arbeiten. Ordne sie den Stellen A-G in der Grafik richtig zu. 🖥

M4 Oft stellen sich Personen in sozialen Medien besser dar, als sie es tatsächlich sind.
a) Überlege, ob dies beispielsweise auf eine Bewerbung um einen Praktikums-platz Auswirkungen haben kann.
b) Nenne Einstellungen, mit denen sich fremde Zugriffe auf deine persönlichen Daten verhindern lassen.

M5 Jugendlichen wird oft der Vorwurf des über-mäßigen Smartphonekonsums gemacht.
a) Betrachte die Abbildung und beschreibe, was zum Ausdruck gebracht werden soll.
b) Seinen eigenen Konsum im Blick zu haben, ist eine sehr wichtige Sache. Erstelle eine Übersicht über dein persönlich wahrgenommenes Kon-sumverhalten. Du kannst dazu die hinterlegte Vorlage nutzen (🖥).
c) Vergleiche deine Angaben mit dem Tages-verbrauch, den dein Smartphone über die Bildschirmzeit registriert hat.
d) Gib an, wann dich das Smartphone hindert, andere Aktivitäten auszuführen.

➥ Unterkapitel 1.4

38107-16
Vorlage zu M5

➥ Unterkapitel 1.4

M6 Manche Menschen können sich ein Leben ohne Smartphone gar nicht mehr vorstellen. Befrage deine Großeltern, wie …

a) sie ihren Schulalltag ohne ein solches Gerät meistern konnten.

b) sie in ihrer Jugend Verabredungen in der Freizeit organisiert haben.

➥ Unterkapitel 1.7

M7 Filterblasen verhindern den objektiven Blick auf Ereignisse. Dies kann zu falschen Einschätzungen und somit falschen Entscheidungen führen.

a) Recherchiere im Internet, welche Möglichkeiten es gibt, Filterblasen zu vermeiden. 🖥

b) Tragt eure Ergebnisse in der Klasse zusammen und diskutiert über deren Umsetzbarkeit. 👥

c) Erstellt ein gemeinsames Plakat und präsentiert dies in der nächsten Schülerforumssitzung. 👥

M8 Echokammern spiegeln immer wieder die eigene Einstellung und Meinung. Je häufiger man diese hört, umso stärker glaubt man daran und verdrängt andere Sichtweisen.

a) Überlege dir, ob du auch schon in einer kleinen Echokammer gefangen bist oder warst.

b) Bastian ist glühender Fan eines Fußball-Teams. Seine besten Freunde sind es auch. Bastian findet, dass sein Team immer das beste Team ist, Zeitspiel machen nur die anderen.

Beschreibe, was eine Echokammer in diesem Fall anrichten kann.

➥ Unterkapitel 1.8

M9 Insbesondere Politiker oder Polizisten werden auf Social-Media-Kanälen zu Zielscheiben von Hasskommentaren, Beleidigungen, … bis hin zu Morddrohungen. Finde heraus, welche Möglichkeiten ein Betroffener hat, sich dagegen zu wehren. 🖥

Das große Info-Quiz!

In dem Wortgitter sind acht Begriffe versteckt, die du in diesem Kapitel kennengelernt hast. Die Hinweise führen dich auf die richtige Spur.
Öffne die hinterlegte Datei, um das Wortgitter ausfüllen zu können (🖥).

38107-17
Wortgitter

K	E	L	Q	U	A	A	D	H	G	E	C	Q	F
L	K	S	L	J	X	E	J	Z	F	W	Y	G	A
A	X	G	O	E	N	Q	Z	T	A	B	B	K	K
N	R	D	V	X	R	A	S	T	C	T	E	A	E
U	T	R	A	C	K	I	N	G	E	S	R	S	-
C	C	K	C	S	Q	M	L	Q	-	G	M	Y	A
K	O	M	M	U	N	I	K	A	T	I	O	N	C
O	N	O	F	R	U	A	W	X	O	S	B	C	C
W	K	J	G	K	Y	I	E	R	-	C	B	H	O
I	Y	C	F	D	F	Z	M	Q	F	D	I	R	U
S	P	H	I	S	H	I	N	G	A	A	N	O	N
R	H	I	N	J	N	L	G	Y	C	Z	G	N	T
T	W	R	J	V	Y	F	R	H	E	O	Y	H	A
O	F	I	L	T	E	R	B	L	A	S	E	G	T

1. „Durch mich kommen nur ausgewählte Informationen."
2. „So nennt man das, wenn Menschen sich schriftlich oder mündlich austauschen."
3. „Ich bin ein gefälschtes Konto."
4. „Ich möchte deine Bank- oder Zugangsdaten."
5. „Wenn wir uns direkt gegenüberstehen, dann sind wir …"
6. „So verläuft eine zeitverzögerte Kommunikation."
7. „Gezielte Beleidigungen in sozialen Netzwerken."
8. „Ich bin der englische Begriff für digitale Spurenverfolgung"

1 Simon behauptet:
  a) „Für die schriftliche Kommunikation reicht es, wenn man schreiben kann."
  b) „Die schriftliche Kommunikation verläuft auch beim Chat asynchron."
  Beurteile Simons Behauptungen.

2 Richtig oder falsch?
  a) „Durch Echokammern entstehen homogene Netzwerke, in denen hauptsächlich das eigene Weltbild vertreten wird."
  b) „Filterblasen entstehen, wenn man das Tracking in den Browsereinstellungen unterbindet."

3 Beschreibe, weshalb Cyber-Mobbing so einen massiven Schaden bei den Betroffenen anrichtet.

Ich kann …	in Aufgabe	Hilfe
die Formen von Kommunikation, auch auf Kommunikationsplattformen und in E-Mails, richtig einordnen.	1	1.2 – 1.4
Gefahren im Netz, Filterblasen und Echokammern erkennen und einordnen.	2	1.5 – 1.7
die Gefährlichkeit von Cybermobbing beurteilen und weiß, was in einer solchen Situation zu tun ist.	3	1.8

Kommunikation und Kommunikations- plattformen ➥ 1.2, 1.3

Kommunikation kann mündlich oder schriftlich erfolgen. Unter Kommunikationsplattformen versteht man technische Einrichtungen zum weltweiten Austausch von Informationen und Meinungen.

E-Mails, Instant Messenger und Social Media spielen heute eine wichtige Rolle.

E-Mail ➥ 1.4, 1.5

E-Mails stellen die moderne Form der Briefkommunikation dar. Spam- oder Phishing-Mails können erheblichen Ärger und Schäden verursachen. Die Spuren lassen sich minimieren, indem das Tracking in den Browsereinstellungen unterbunden wird.

Social Bots ➥ 1.6

Social Bots sind Computerprogramme, die in der Lage sind, sich im Netz als reale Menschen auszugeben. Sie versuchen die Meinung der anderen zu manipulieren.

Merkmale:
▸ sehr viele Posts
▸ schnelle Reaktion
▸ ungewöhnliche Uhrzeiten
▸ immer gleiche Themen

Filterblasen und Echokammern ➥ 1.7

Wenn durch digitale Spuren, die im Internet hinterlassen werden, nur noch gefilterte Informationen zum Nutzer gelangen, nennt man das Filterblase. In Echokammern sind nur Menschen mit gleichen Ansichten.

In einer Echo- kammer bestärken sich Menschen mit gleichen Ansichten gegenseitig.

Cybermobbing ➥ 1.8

Cybermobbing sind Beleidigungen, Be- drohungen oder Belästigung von Menschen, die mithilfe von Kommunikationsmedien verbreitet werden. Die große Verbreitung und scheinbare Anonymiät machen das Cyber-Mobbing so hinterhältig.

FACHBEGRIFFE

Hier findest du die wichtigsten Begriffe aus diesem Kapitel:

Kommunikation	Fake-Account	Web-E-Mail
Kommunikationsplattformen	Filterblase, Echokammer	Tracking
E-Mail	digitalen Fußabdruck	Gestik und Mimik
Spam- und Phishing-Mails	Cybermobbing	Sender, Empfänger
Social Bots	Instant Messenger-Dienste	Rezension
Soziale Netzwerke	Social Media-Dienste	synchron, asynchron

Raster- und Vektorgrafiken

2

Einstieg

Arbesa und Michi sind in der AG Schülerzeitung der Friedrich-Liebgott-Schule. Sie kümmern sich um die grafische Gestaltung der Schülerzeitung und um die Bilder für die Webseite der Schule. Oft müssen hierfür Bilder und Fotografien selbst erstellt oder bearbeitet werden. Dabei stoßen sie auf Unterschiede, Vor- und Nachteile von Bildern und Logos.

▸ Nenne Unterschiede zwischen den dargestellten Bildern.
▸ Hast du schon einmal mit einem Bildbearbeitungsprogramm gearbeitet? Berichte.
▸ Nenne typische Logos, die du aus deinem Alltag kennst.

Am Ende dieses Kapitels hast du gelernt, ...

▸ Bilder für unterschiedliche Einsatzmöglichkeiten zu erstellen und richtig zu speichern.
▸ Raster- und Vektorgrafiken zu unterscheiden.
▸ was sich hinter den Begriffen Farbwert und Farbmodell verbirgt.
▸ grundlegende Methoden zur Bildbearbeitung anzuwenden.
▸ Vektorgrafiken mithilfe von Klassen, Objekten und Attributen zu beschreiben und mit Methoden zu verändern.

EINSTIEG

Die „AG Umwelt und Natur" schreibt für die Schülerzeitung einen Artikel über den neuen Schulgarten. Dieser soll auf der Website der Schule veröffentlicht werden. Michi fotografiert mit einer Digitalkamera die Bilder für diesen Artikel. Arbesa verwendet einen Scanner um gemalte Bilder zu digitalisieren.

▸ Beschreibe Vor- und Nachteile der beiden Vorgehensweisen.
▸ Gib Arbesa und Michi Ratschläge für ihr Vorhaben.

ERARBEITUNG

primär: *vorrangig, wesentlich*

Das RGB-Farbmodell

Die **primären** Farben des Sonnenlichts sind Rot, Grün und Blau (**RGB**). Man nennt sie auch **Lichtfarben**. Alle weiteren Farben sind Mischfarben aus diesen drei Lichtfarben. Addiert man diese zu gleichen Teilen, entsteht weißes Licht. Um eine Farbe exakt zu bestimmen, wird jedem **Farbton** ein **Farbwert** zugeordnet.

Bildschirme arbeiten mit dem RGB-Mischmodus. Auf diese Weise können 16 Millionen Farben dargestellt werden.

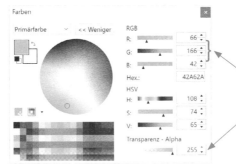

Der Farbwert kann in der Einstellung *Farben* eines Programms bestimmt werden.

Farbwerte für Rot, Grün und Blau (**RGB**)

Die **Transparenz** (der **Alphakanal**) bestimmt die Deckkraft der Farbe.

A1 RGB-Farbwerte in einer Registerkarte einstellen 🖥 _____

1. Öffne in einem Programm die Einstellungsoption *Farben* und gib die Werte R = 10; G = 100; B = 200; Deckkraft = 100 ein. Nenne die Farbe, die du erhältst.
2. Ändere den Wert für R auf 250. Beschreibe, wie sich die Farbe verändert.
3. Experimentiere: Welche Werte ergeben die Farbe Orange?
4. Nenne jeweils den größt- und kleinstmöglichen Wert für die Felder R, G und B.

Ein farbiges Abbild der Umwelt: Wie funktioniert eine Digitalkamera?

Bei einer Digitalkamera fällt Licht auf einen **Sensor** und wird von der Kamera auf einer Speicherkarte gesichert. Wie unser menschliches Auge reagiert der Bildsensor auf die vier Faktoren rotes, grünes und blaues Licht sowie Helligkeit. Die Kamerasoftware verarbeitet diese vier Faktoren zu einer bunten **Rastergrafik**.

Starke Vergrößerung einer Rastergrafik: Die einzelnen Pixel werden sichtbar.

Eine Rastergrafik ist vergleichbar mit einem Steckmosaik aus Millionen von **Bildpunkten**, den sogenannten **Pixeln**. Vereinfacht kann man sagen: Je mehr Pixel der Sensor einer Kamera hat, umso **schärfer** ist die Fotografie.

Mosaik: Ein Stein entspricht einem Pixel.

A2 Die Funktionsweise einer Digitalkamera verstehen
1. Beschreibe einem Partner oder einer Partnerin den Aufbau einer Rastergrafik.
2. Sina meint: „Eine Rastergrafik kann ich am Computer so weit heranzoomen, wie ich will. Das ändert nichts an der Schärfe. Stimmt das? Probiere es am hinterlegten Bild aus. 🖥

38107-18
Bilddatei zu A2

Auflösung, Dateigröße und Dateiformat eines Bildes

Die **Auflösung** eines Bildes gibt die Anzahl und die Dichte der Pixel an. Je höher die Auflösung, desto schärfer bleibt das Bild bei Skalierungen und desto größer ist die Bilddatei.

Bei Bildern wird die Auflösung je nach Verwendung in **pixel per inch ppi** (Bild am Bildschirm) oder **dots per inch dpi** (Druckerzeugnisse) angegeben. Die Auflösung auf dem Sensor der Kamera wird in **Megapixel MP** angegeben.

▸ Beispiel:

Verwendung	Auflösung	Dateigröße	Schärfe bei Skalierung
gedrucktes Bild	≥ 300 dpi	große Bilddatei	geringe Verluste
Bild am Bildschirm	≥ 72 ppi	kleine Bilddatei	starke Verluste

Es gibt verschiedene **Dateiformate** in denen Bilder gespeichert werden. Gängige Dateiformate sind *.png, *.gif und *.jpg.

A3 Rastergrafiken verstehen
1. Recherchiere, was ppi und dpi bedeuten und erkläre dein Ergebnis an einem Beispiel. 🖥
2. Erkläre Sina (➥ A2) nun mithilfe der Auflösung eines Bildes, warum eine Rastergrafik am Computer nicht beliebig nahe herangezoomt werden kann.

*.png
keine Qualitätsverluste, Transparenz möglich

*.gif
beschränkte Farbstufen

*.jpg
Qualitätsverluste möglich

Welches Format gewählt wird hängt vom Verwendungszweck des Bildes ab.

Warum benötigt man für einen Ausdruck eine andere Auflösung als für den Monitor? Recherchiere.

MERKE

Mithilfe des **Sensors** speichert eine Digitalkamera aus den **Lichtfarben** Rot, Grün und Blau ein farbiges Bild. Dieses wird dabei in einzelne **Pixel (= Bildpunkte)** zerlegt. Man spricht von einer **Rastergrafik**. Bei der Auflösung einer Kamera spricht man von **Megapixel MP**. Bei der Auflösung von Bildern spricht man je nach Verwendung von **pixel per inch ppi** (Bild am Bildschirm) oder **dots per inch dpi** (Druckerzeugnisse). Bilddateien können in unterschiedlichen **Dateiformaten** abgespeichert werden.

AUFGABEN

1 Fotografiere mit einer Digitalkamera ein Objekt deiner Wahl in unterschiedlichen Auflösungen. Vergleiche anschließend die Größe der gespeicherten Dateien.

2 Was bedeuten die Abkürzungen *.png, *.gif und *.jpg? Recherchiere. 🖥

3 Es gibt viele Arten von Bildern: Fotos, Zeichnungen, Scans, Logos, … Um welche Dateiformate könnte es sich handeln? Begründe.

EINSTIEG

Michi weiß von seiner großen Schwester, dass heutzutage nahezu jedes digitale Bild bearbeitet wird. Er und Arbesa möchten auch ein Programm zur Bildbearbeitung verwenden.

▸ Suche nach passenden Programmen.
▸ Nenne das Bildbearbeitungsprogramm, das auf deinem Schulcomputer installiert ist.

ERARBEITUNG

Die Oberfläche eines Rastergrafikprogramms

Mit allen **Rastergrafikprogrammen** kann ein Bild oder ein Teilbereich eines Bildes verändert werden. Hier wird beispielhaft die Oberfläche der frei verfügbaren Software *paint.net* vorgestellt. Die wichtigsten Funktionen haben alle Programme gemeinsam.

Es gibt viele verschiedene Programme zur Bearbeitung von Rastergrafiken. Eine Alternative ist z. B. *GIMP*.

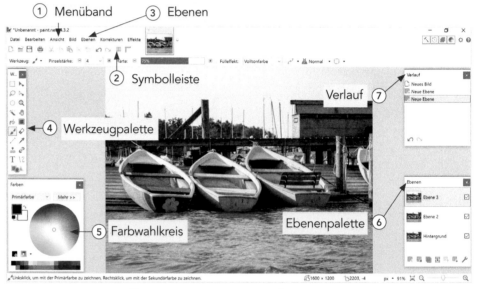

① Menüband   ③ Ebenen
② Symbolleiste
④ Werkzeugpalette
⑤ Farbwahlkreis
⑥ Ebenenpalette
⑦ Verlauf

Über das **Menüband** ① und die **Symbolleiste** ② werden die wichtigsten Befehle schnell erreicht.

A1 Sich im Rastergrafikprogramm zurechtfinden 🖥
Öffne das Rastergrafikprogramm auf deinem Schulcomputer. Orientiere dich.

Arbeiten mit Ebenen

+

=

Das Besondere an Rastergrafikprogrammen ist das Arbeiten mit **Ebenen**.
Ebenen kann man sich wie übereinanderliegende Folien vorstellen. Auf einer Ebene kann entweder dasselbe Motiv wie auf dem Original abgebildet sein oder ein völlig neues Motiv, welches in das Bild eingefügt werden soll.

Ebenen ③ können leicht über das Menüband eingefügt werden. Zur Verwaltung gibt es die **Ebenenpalette** ⑥.

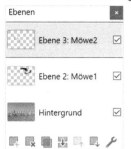

Ebenen | Korrekturen Effekte

- Neue Ebene hinzufügen
- Ebene löschen
- Ebene verdoppeln

Arbeit mit Ebenen:
- ▸ Ziehe per Drag & Drop ein neues Bild in die Bearbeitungsfläche und wähle die Option *Ebene hinzufügen*.
- ▸ Es ist hilfreich, den Ebenen sinnvolle Namen zu geben. Dazu wird die Ebene mit Doppelklick angewählt.
- ▸ Ebenen können in der Reihenfolge vertauscht, verschoben und einzeln bearbeitet werden.

Tipp: Nach dem Laden eines Bildes sollte zuerst eine **Ebenenkopie** erzeugt werden. Diese liegt dann über dem Original. Veränderungen, die an der Kopie vorgenommen werden, beeinflussen so das ursprüngliche Bild nicht.

Speichert man ein Bild in paint.net im Format *.pdn, bleiben diese Informationen erhalten.

A2 Mit Ebenen arbeiten 🖥
Arbeite nun selbst mit Ebenen. Du kannst dazu eigene Bilder wählen oder die hinterlegten Bilddateien in einem Rastergrafikprogramm öffnen und ein ähnliches Bild von Möwen am Strand erstellen, wie auf der vorherigen Seite.

38107-19
Bilddateien zu A2

Befehle und Hilfsmittel zur Bildbearbeitung

Befehle und Hilfsmittel zur Bildbearbeitung stehen unter den Menüpunkten **Korrekturen** und **Effekte** zur Verfügung. Außerdem gibt es die **Werkzeugpalette** ④.

Mit dem **Farbwahlkreis** ⑤ kann schnell die gewünschte Farbe ausgewählt werden.

Die Werkzeugpalette:

Besonders hilfreich ist der **Verlauf** ⑦. Ausgeführte Befehle können damit schrittweise rückgängig gemacht werden.

Werkzeugpalette, Farbwahlkreis, Verlauf und Ebenenpalette können meist ein- und ausgeblendet werden.

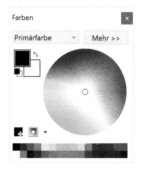

A3 Bilder bearbeiten 🖥
Untersuche das Rastergrafikprogramm auf deinem Schulcomputer. Überprüfe, ob eine Werkzeugpalette, ein Farbwahlmenü, ein Verlauf und eine Ebenenpalette aktiviert werden können.

Es gibt viele unterschiedliche **Rastergrafikprogramme**. Besonders nützlich ist das Arbeiten mit **Ebenen**, denn das **Originalbild** bleibt so unverändert. In der **Werkzeugpalette** und im **Menüband** sind die wichtigsten Befehle zu finden.

MERKE

1 Öffne ein Bild deiner Wahl in einem Rastergrafikprogramm. 🖥
  a) Erstelle eine Ebenenkopie des Bildes.
  b) Experimentiere mit einigen Werkzeugen auf der Ebenenkopie.
  c) Blende anschließend die Ebenenkopie aus.
  d) Beobachte den Verlauf und mache deine Aktionen rückgängig.

AUFGABEN

2 Öffne deine Collage aus ➥ A2. Finde im Ebenen-Menü eine Möglichkeit, Ebenen zu spiegeln. Ändere so z. B. die Flugrichtung der Möwen. 🖥

EINSTIEG

Arbesa und Michi sichten die ersten Bilder für eine Ausstellung. Arbesa stellt fest, dass die Farben der alten Lokomotive in der Realität viel kräftiger waren als auf dem Bild. Michi ist enttäuscht …

▸ Dürfen die beiden das Bild bearbeiten? Begründe deine Antwort.
▸ Beschreibe, was Michi verbessern könnte.

ERARBEITUNG

Gesetze und Rechte

Will man **fremde Werke**, z. B. Bilder, verwenden und bearbeiten, muss man das **Urheberrechtsgesetz** (➥ Klasse 5) und die **CC-Lizenzen** (➥ Klasse 6) beachten. Durch das Rechtemodul „Keine Bearbeitung" schützen CC-Lizenzen u. a. vor ungewollter Bearbeitung.

Rechtemodul nd: keine Bearbeitung

Doch selbst wenn man ein **Bild selbst macht**, ist das **Kunsturheberrechtsgesetz** zu beachten. Dieses verleiht jedem Menschen das **Recht am eigenen Bild**. Das bedeutet: Bevor ein Bild (oder z. B. auch ein Video) bearbeitet und veröffentlicht werden darf, muss man die darauf abgebildeten Personen um Erlaubnis fragen.

A1 Rechtliche Aspekte beim Arbeiten mit Bildern kennen

1. Nenne Gesetze und Rechte, die du beachten musst, wenn du fremde oder eigene Bilder bearbeiten möchtest.
2. Beschreibe Unterschiede zwischen dem Urheberrechtsgesetz/CC-Lizenzen und dem Kunsturheberrechtsgesetz. Gehe auch darauf ein, wen welches Gesetz schützt.

Helligkeit und Kontrast

Eine Fotografie zeigt ein Objekt nie genauso, wie das Auge es wahrnimmt. Die Einstellungen an der Kamera beeinflussen das Bild.

Mit kleinen Veränderungen im Bereich **Helligkeit/Kontrast**, kann ein Bild oft ansprechender gestaltet werden.

Kontrast ist der Unterschied in der Helligkeit zwischen den hellen und dunklen Bereichen eines Bildes.

A2 Helligkeit/Kontrast eines Bildes verändern 🖥

Öffne ein Bild deiner Wahl oder das hinterlegte Bild in einem Rastergrafikprogramm.

1. Verändere das Bild im Bereich Helligkeit/Kontrast.
2. Beschreibe, was die Änderungen bewirken.

38107-21
Bilddatei zu A2

Farbton und Sättigung

Durch Farbe bekommt ein Bild einen sogenannten **Farbton**.

Man unterscheidet:

▸ **unbunte Farben**: Schwarz, Weiß, Grautöne
▸ **kalte** und **warme Farbtöne**: Je nach Farbton kann die Wirkung unterschiedlich sein.

Korrekturen	Effekte
Automatisch	
Farben umkehren	
⟨Farbton / Sättigung...⟩	
Helligkeit / Kontrast...	

Graustufen sind Helligkeitsabstufungen zwischen Schwarz und Weiß.

Neben dem Farbton spielt die **Sättigung** der Farbe eine wichtige Rolle. Die Sättigung gibt an, wie intensiv ein Farbton dargestellt wird.

Genauer: Die **Sättigung** ist ein Wert dafür, wie viel der reinen **Spektralfarbe** in dem verwendeten Farbton vorhanden ist. Spektralfarben entstehen beim Zerlegen des Sonnenlichts in die sieben Einzelfarben (= Regenbogenfarben).

A3 Farbton/Sättigung eines Bildes verändern 🖥 _____

Öffne ein Bild deiner Wahl oder das hinterlegte Bild in einem Rastergrafikprogramm.
1. Verändere das Bild im Bereich Farbton/Sättigung.
2. Beschreibe, was die Änderungen bewirken.

38107-22
Bilddatei zu A3

Die Einstellungen an der Kamera beeinflussen eine Fotografie. Auch im Nachhinein kann man Bilder bearbeiten. Hierzu gibt es Werkzeuge wie **Helligkeit/Kontrast** und **Farbton/Sättigung**. Egal ob man eigene oder fremde Bilder bearbeitet, man muss immer die rechtlichen Grundlagen, wie das **Urheberrechtsgesetz/ Creative Commons** und das **Kunsturheberrechtsgesetz** beachten.

MERKE

---

1 Öffne ein Bild deiner Wahl in einem Rastergrafikprogramm. 🖥
   a) Verändere das Bild im Bereich Helligkeit/Kontrast. Beschreibe die Veränderung.
   b) Beschreibe rechtliche Aspekte, die du beachten musst, wenn du dein verändertes Bild veröffentlichen möchtest.

AUFGABEN

2 Wandle ein Bild deiner Wahl in ein Schwarz-Weiß-Bild um. Probiere dazu unterschiedliche Möglichkeiten aus. 🖥
   a) Verwende die Einstellungen für Farbton und Sättigung.
   b) Verwende die Einstellung *Schwarzweiß*.
   c) Vergleiche beide Vorgehensweisen. Nenne jeweils Vor- und Nachteile und besprich dein Ergebnis mit einem Partner oder einer Partnerin. 👥

Korrekturen	Effekte
Automatisch	
Farben umkehren	
Farbton / Sättigung...	
⟨Helligkeit / Kontrast...⟩	
Kurven...	
Manuelle Anpassung...	
⟨Schwarzweiß⟩	
Sepia	
Tontrennung...	

3 a) Beschreibe, wie verschiedene Farbtöne auf dich wirken.
   b) Diskutiere mit einem Partner oder einer Partnerin, welcher Farbton eher eine wohlige Wärme und welcher eher eine kühle Atmosphäre vermittelt. 👥

4 Überlege, wo das Spielen mit dem Farbton zum Einsatz kommen kann.

EINSTIEG

Für einen Artikel auf der Schulwebsite sollen Arbesa und Michi Bilder vom Ausflug in den Nürnberger Tiergarten aufpeppen.

▸ Überlege, wie man ein Foto interessanter gestalten kann.
▸ Suche Bilder in Zeitschriften oder im Internet, die dich beeindrucken.

ERARBEITUNG

Nachschärfen

Hin und wieder möchte man ein Bild verwenden und stellt fest, dass es eine leichte Unschärfe aufweist. Diese kann durch **Nachschärfen** des Bildes beseitigt werden.

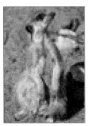

Stark verwackelte Bilder und sehr unscharfe Fotografien kann man nicht retten.

A1 Bilder nachschärfen 🖥

1. Suche im Rastergrafikprogramm das Werkzeug zum Nachschärfen.
2. Schärfe ein Bild deiner Wahl nach. Du kannst dazu auch das hinterlegte Bild verwenden.

38107-24
Bilddatei zu A1

Retusche (frz.):
Nachbesserung

Kleine Retusche vornehmen

Für kleine **Retuschearbeiten** an einem Bild verwendet man in der Regel den **Kopierstempel** (= Klonen). Man findet ihn in der Werkzeugpalette.

Mit diesem Stempel können Pixel in einem Bildbereich aufgenommen und an einer anderen Stelle im Bild „eingestempelt" werden.

Vorgehen:

A Zuerst wird der Bildbereich festgelegt, den man klonen möchte. Dazu klickt man bei gedrückter Steuerungstaste ⌨ _strg_ mit dem Stempel auf den Bildbereich, der kopiert werden soll.

B Nun klickt man mit dem Mauszeiger an die gewünschte Stelle, an die man den vorher ausgewählten Bildbereich einfügen möchte.

C Verschiebt man jetzt die Maus bei gedrückter linker Maustaste, so verschiebt sich auch der zu kopierende Bildbereich.

Tipp: Es ist besser, diesen Vorgang mit einer kleinen Pinselstärke und einer geringen Härte durchzuführen. So vermeidet man harte Kanten.

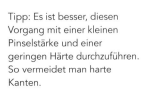

Aufnahme der zu kopierenden Bildbereiche

Einstempeln der Bildbereiche an einer anderen Stelle

Beim Stempeln wird der Ursprungs- bereich parallel verschoben.

A2 Kleine Bildretusche

1. Vergleiche die beiden Bilder. Beschreibe, was retuschiert wurde.

2. Öffne das hinterlegte Bild in einem Rastergrafikprogramm.
   a) Retuschiere sowohl die grüne Box als auch die zwei vorderen blauen Eimer. Experimentiere dabei mit der Pinselgröße und der Pinselhärte.
   b) Vergleicht eure Ergebnisse miteinander.

00107 25
Bilddatei zu A2

MERKE

Um die Aussagekraft eines Bildes zu verstärken, können kleine Veränderungen am Bild vorgenommen werden. Neben der Möglichkeit des **leichten Nachschärfens** können störende Bildbestandteile mit dem **Kopierstempel retuschiert** werden.

AUFGABEN

1 Öffne ein Bild deiner Wahl in einem Rastergrafikprogramm.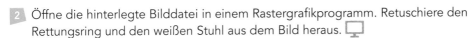
   a) Teste den Kopierstempel mit unterschiedlicher Pinselstärke und -härte.
   b) Beschreibe deine Beobachtung einem Partner oder einer Partnerin.

2 Öffne die hinterlegte Bilddatei in einem Rastergrafikprogramm. Retuschiere den Rettungsring und den weißen Stuhl aus dem Bild heraus.

38107-26
Bilddatei zu Aufgabe 2

3 Suchbilder sind wie eineiige Zwillinge. Auf den ersten Blick sind sie gleich, bei genauerer Betrachtung kannst du kleine Unterschiede erkennen.

   a) Vergleiche das Geschwisterpaar Anna und Lioba. Besprich dich mit einem Partner oder einer Partnerin, welche Unterschiede ihr zwischen dem Zwillingspaar feststellt.
   b) Lade ein Portrait von dir und erschaffe deinen eigenen Zwilling, indem du kleine Veränderungen vornimmst.
   c) Erstelle selbst ein Suchbild mit mindestens fünf Veränderungen. Du kannst dazu die hinterlegte Bilddatei nutzen (   ).

38107-27
Bilddatei zu Aufgabe 3

4 Überlege, wann es sinnvoll ist, Retuschearbeiten an einem Bild vorzunehmen.

5 Diskutiert in der Klasse Vor- und Nachteile von retuschierten Bildern.

Wer schon einmal eine Collage aus Fotos und Zeitschriften zusammengestellt hat, weiß, dass man dazu Bilder ausschneidet und auf einem anderen Blatt zusammenklebt. Mithilfe eines Rastergrafikprogrammes funktioniert das noch viel genauer.

▸ Stelle eine Vermutung auf, aus wie vielen Einzelbildern die abgebildete Collage besteht.
▸ Untersuche den Werkzeugkasten deines Rastergrafikprogramms. Welche Werkzeuge scheinen dir für eine digitale Collage geeignet?

coller (frz.): kleben

Eine digitale Collage – Auswahlwerkzeuge

Im analogen Bereich nutzt man Schere, Papier und Klebstoff, um Bildbereiche für eine Collage auszuschneiden und neu zusammenzufügen.
Bei einer digitalen Collage kann das Original erhalten bleiben. Die gewünschten Bildbereiche können auf unterschiedliche Arten **pixelgenau** ausgewählt werden. In Rastergrafikprogrammen stehen dazu meist mehrere Möglichkeiten zur Verfügung.

rechteckige Auswahl

elliptische Auswahl

A1 Eine digitale Collage erstellen

1. Überlege dir, welche Vorteile eine digitale Collage gegenüber einer herkömmlichen Collage mit Papier und Schere hat. Denke dabei auch an das Arbeiten mit Ebenen.
2. Suche in der Werkzeugpalette die *rechteckige Auswahl* und die *elliptische Auswahl*. 🖥
3. Nenne Gründe dafür, warum es mehrere Auswahlwerkzeuge gibt.

Ausschneiden, Drehen und Skalieren

Tipp: Lieber kopieren als ausschneiden!

Nähert man sich mit der Maus einem Ziehpunkt, kann man das Bild drehen.

Fährt man mit der Maus über einen Ziehpunkt, kann man das Bild skalieren.

Symbol	Befehl (Shortcut)	Original	Verändertes Bild
✂ und 🗐	Ausschneiden (**Strg** + **X**) Kopieren (**Strg** + **C**)		
	Drehen		
	Skalieren		

A2 Bildbereiche ausschneiden, drehen und skalieren 🖥️

1. Erstelle selbst eine Collage. Du kannst dazu die hinterlegten Bilddateien nutzen und die abgebildete Collage
nachbilden.

38107-28
Bilddateien zu A2

2. Bearbeite deine Collage, indem du die Größe der einzelnen Elemente (z. B.
Tomaten, Kastanien) veränderst und sie drehst.

Für eine digitale Collage werden Bildbereiche pixelgenau **ausgewählt** und zu
einem neuen Bild zusammengesetzt. Dazu können die Bildbereiche **ausgeschnitten**, **gedreht** und **skaliert** werden. Besonders praktisch ist, dass bei einer
digitalen Collage die originalen Dateien nicht zerschnitten werden.

AUFGABEN

1 Öffne ein Bild deiner Wahl und bearbeite es in
einem Rastergrafikprogramm. 🖥️

a) Markiere mit einem passenden Auswahlwerkzeug einen Bildbereich. Über den Befehl
Bearbeiten → Kopieren kannst du die Bildaus-
wahl zwischenspeichern. Alternativ kannst du
einen Shortcut nutzen.

b) Lege den Bildausschnitt auf eine neue Ebene.

c) Vergrößere und verkleinere den Bildausschnitt.

d) Drehe den Bildausschnitt um ca. 45°

*Erinnere dich an die
Shortcuts die du
schon kennst!*
- Kopieren: Strg + C
- Einfügen: Strg + V

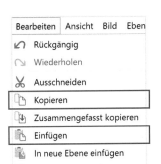

2 Erstelle selbst eine Collage! Öffne dazu drei verschiedene Bilder. 🖥️

a) Kopiere aus jedem geöffneten Bild einen Bildbereich und füge diesen in eine
leere Vorlage ein.

b) Positioniere die einzelnen Bildbestandteile nach deiner Vorstellung. Du
kannst dabei auch die Größe verändern oder Elemente drehen.

c) Präsentiere dein Ergebnis deiner Klasse. Beschreibe dabei auch, was bei der
Erstellung der Collage leicht und was knifflig war. 👥👥

3 Steffi hat viel Arbeit in ihre Collage gesteckt. Gerne sollen andere ihr Werk
teilen, aber nicht verändern können. Zudem möchte Steffi, dass ihr Name als
Urheber genannt werden muss. Wähle das passende CC-Lizenzmodell aus und
begründe, weshalb die anderen nicht in Frage kommen.

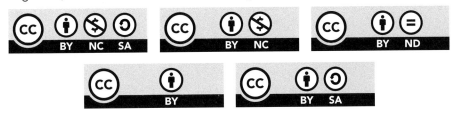

Joel und Dave möchten einen Werbeflyer für die Mountain-bike-AG drucken lassen. Hierfür haben Michi und Arbesa Bilder auf der Pump-Track-Anlage geschossen, die sie nun nachbearbeiten wollen.

▸ Nenne Möglichkeiten, die du kennst, um Bilder zu bearbeiten.
▸ Wie wird dadurch eine bessere Wirkung erzielt? Beschreibe.

Bildbereiche für Logos und Collagen vorbereiten

Heutzutage sind kleine Retuschearbeiten kein Problem mehr. Aufwendiger wird es, wenn eine Person oder ein Objekt exakt ausgeschnitten werden soll. Dieses exakte Ausschneiden entlang der Konturen wird **Freistellen** genannt.

A1 Freistellen sinnvoll einsetzen _____

1. Erkläre den Begriff *Freistellen* mit eigenen Worten.
2. Überlege dir Situationen, in denen das Freistellen benötigt wird.

Das Freistellen mit dem Lasso

Für das Freistellen eignet sich das **Lasso-Werkzeug**. Mit diesem kann man Gegenstände einfangen, egal, welche Form sie haben. Man umfährt dazu mit gedrückter linker Maustaste das freizustellende Objekt entlang der Kontur.

Zusatzeinstellungen:

Mit den Zusatzeinstellungen kann man Bereiche hinzufügen oder wieder entfernen.

Tipp: Vergrößert man die Ansicht auf 150 % bis 200 %, dann erkennt man die Konturen besser.

38107-29
Bilddatei zu A2

A2 Mit dem Lasso freistellen 🖥 _____

Öffne das hinterlegte Bild in einem Rastergrafikprogramm.

1. Erstelle eine Ebenenkopie des Bildes.
2. Stelle den Mülleimer mit dem Lasso frei.

Das Freistellen mit dem Zauberstab

Die Auswahl mit dem **Zauberstab** funktioniert umso besser, je größer der Farbunterschied zwischen dem Objekt und dessen Hintergrund ist.

Durch Klicken mit dem Zauberstab in den auszuwählenden Bildbereich sucht sich die Software alle Pixel, die im eingestellten **Toleranzbereich** des Tonwertes liegen. Der ausgewählte Bereich wird mit einer gestrichelten Linie eingerahmt.

Neben den bereits bekannten Zusatzeinstellungen ist es hilfreich, den Füllungsmodus und den Toleranzbereich zu beachten.

Werkzeug: 🖌 ▾ | ◻ ◻ ◻ ◻ ◻ | Füllungsmodus: 💡 ▾ | Toleranz: ⊟ 50%

💡 Einstellung *Zusammenhängend*: Bezieht vom Klickpunkt aus weitere Bereiche ein, bis benachbarte Pixel die **Toleranzeinstellung** nicht mehr erfüllen.

🌧 Einstellung *Global*: Erstreckt sich auf alle Pixel in der Ebene, die die **Toleranzeinstellung** erfüllen. Die Pixel müssen nicht zusammenhängen.

A3 Mit dem Zauberstab freistellen 🖥
Öffne die hinterlegte Bilddatei in einem Rastergrafikprogramm.
1. Erstelle eine Ebenenkopie des Bildes.
2. Stelle das Bild mit dem Zauberstab frei. Achte beim Füllungsmodus auf die Einstellung *Zusammenhängend*. Bei welcher Toleranz erzielst du das beste Ergebnis? Experimentiere.
3. Ändere nun den Füllungsmodus auf *Global*. Beschreibe, was du feststellst.

38107-30
Bilddatei zu A3

Die digitale Bildbearbeitung bietet viele Möglichkeiten, um Personen und Objekte **freizustellen**. Für exaktes Ausschneiden kann man gute Ergebnisse mit dem **Lasso** und dem **Zauberstab** erzielen. Wichtig dabei sind die **Zusatzeinstellungen** dieser Werkzeuge.

MERKE

AUFGABEN

1 Öffne das hinterlegte Bild 26_Aufg1_Dave.jpg in einem Rastergrafikprogramm. Stelle Dave einmal mit dem Lasso und einmal mit dem Zauberstab frei. 🖥

2 Überlege mit einem Partner oder einer Partnerin, welche Konturen sich leicht und welche sich schwer freistellen lassen. 👥

3 Öffne das hinterlegte Bild 26_Aufg3_Buchstaben.jpg in einem Rastergrafikprogramm. Erstelle eine Auswahl der Buchstaben RAD mit dem Lasso. Wie verändert sich das Verhalten des Lasso-Werkzeugs, wenn du die Menüoptionen von *Hinzufügen* auf *Subtrahieren* änderst? Beschreibe deine Beobachtung einem Partner oder einer Partnerin. 👥 🖥

38107-31
Bilddateien zu
Aufgabe 1, 3 und 4

4 Der Zauberstab kann mit Auswahlwerkzeugen kombiniert werden. Probiere es aus! Öffne dazu das hinterlegte Bild 26_Aufg4_Sprechblase.png in einem Rastergrafikprogramm. 🖥
   a) Stelle die Sprechblase frei.
   b) Ändere den ausgewählten Bereich hinsichtlich *Helligkeit/Kontrast* sowie hinsichtlich *Farbton/Sättigung*.

Wenn ich groß bin, werde ich Container.

Humor gegen Müll. Mit witzigen Sprüchen hat die Stadtreinigung Hamburg 2005 eine Kampagne für mehr Sauberkeit gestartet. Mittlerweile gibt es viele Nachahmer.

EINSTIEG

Die Friedrich-Liebgott-Schule möchte die Werkstücke aus dem Fachbereich Technik auf ihrer Schulhomepage präsentieren. Arbesa und Michi sollen hierfür die Bilder ansprechend aufbereiten und bunt gestalten.

▸ Gib den beiden Tipps zur farblichen Veränderung von Werkstücken.

ERARBEITUNG

Das Umfärben eines Bildbereichs findet häufig dort Anwendung, wo das reale Umfärben mit großem Aufwand und hohen Kosten verbunden wäre.

Farbwerte einstellen und bestimmen

Jedem **Farbton** ist ein **Farbwert** zugeordnet (➡ 2.1). Dieser Farbwert kann ausgelesen und ein anderer Bildbereich mit genau diesem Farbwert eingefärbt werden.

Manchmal soll ein Gegenstand einen bestimmten Farbton aufweisen. Ist der Farbwert für diesen Farbton bekannt, kann dieser in der RGB-Farbpalette eingestellt werden.

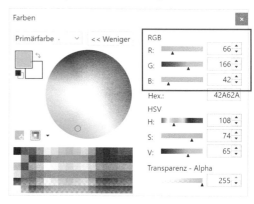

Ein Farbwert kann aber auch mithilfe der **Farbpipette** durch Anklicken aufgenommen und ausgelesen werden.

A1 Farbton einstellen und Farbpipette einsetzen 🖥

1. Nenne Beispiele, in denen es sinnvoll ist, den Farbton eines Gegenstandes virtuell zu ändern.
2. Öffne ein Bild deiner Wahl in einem Rastergrafikprogramm.
   a) Klicke mit der Pipette auf unterschiedliche Farbtöne. Beobachte die RGB-Werte.
   b) Beschreibe einem Partner oder einer Partnerin, was dir auffällt. 👥

virtuell: *nicht wirklich vorhanden*

Farbwerte ersetzen

Um die Farbe eines Objektes auszuwechseln, gibt es unterschiedliche Möglichkeiten. Die einfachste ist, den umzufärbenden Bereich mit dem Auswahlwerkzeug **auszuwählen** und die Farbe im Menü *Korrekturen, Farbton/Sättigung* anzupassen.

Aber Achtung: Mit dieser Methode kann man weiße Flächen nicht umfärben! Weiße Flächen lassen sich gut mit dem **Farbeimer** oder dem **Pinsel** einfärben.

▸ Mit dem Farbeimer „kippt" man neue Farbe in den markierten Bereich.
▸ Mit dem Pinsel malt man Flächen vorsichtig an.

Der Füllmodus befindet sich hinter diesem Symbol in den Zusatzeinstellungen von Pinsel und Farbeimer.

Um bei der Arbeit mit dem Farbeimer und dem Pinsel ein gutes Ergebnis zu erzielen, sollte mit dem Füllmodus **Überlagerung** gearbeitet werden. Mit dieser Einstellung bleibt die Struktur der Fläche erhalten.

Schritt 1: Einfärben des Mülleimers mit dem Menüpunkt Farbton/Sättigung	Schritt 2: Einfärben der Sprechblase mit Farbeimer oder Pinsel
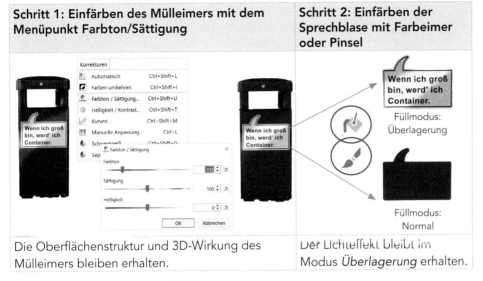	Füllmodus: Überlagerung Füllmodus: Normal
Die Oberflächenstruktur und 3D-Wirkung des Mülleimers bleiben erhalten.	Der Lichteffekt bleibt im Modus *Überlagerung* erhalten.

Tipp: Beim Umfärben auf einer neuen Ebene arbeiten! So ist ein schneller Vorher-Nachher-Vergleich möglich und das Original wird nicht beeinflusst.

A2 Bildausschnitte einfärben

Öffne die hinterlegte Bilddatei in einem Rastergrafikprogramm.

1. Färbe den Eimer in einer anderen Farbe. Beschreibe dein Vorgehen.
2. Verändere auch die Farbe der Sprechblase. Experimentiere dabei mit verschiedenen Füllmethoden und beschreibe dein Ergebnis.

38107-32
Bilddatei zu A2

MERKE

Neben der Intensität einer Farbe kann auch der **Farbton** selbst komplett in eine andere Farbe umgewandelt werden. Dazu kann man den umzufärbenden **Bereich auswählen** und mit dem Werkzeug **Farbton/Sättigung** anpassen. Weiße Flächen müssen mit dem **Farbeimer** oder dem **Pinsel** eingefärbt werden. Mit der **Farbpipette** kann man die Farbwerte bestimmen.

AUFGABEN

1 Recherchiere im Internet nach den Farbwerten für die deutschen Nationalfarben.

2 Fotografiere dein Schulhaus und verpasse ihm einen neuen Farbton.

3 Wenn du dich in der Natur umsiehst, findest du ganz selten eine vollflächige Färbung. Licht und Schatten erzeugen Farbverläufe. Mit dem Werkzeug Farbverlauf lassen sich natürliche Effekte des Lichtes erzeugen. Um einen Verlauf zu erzeugen, braucht man mindestens zwei Farben: Primär- und Sekundärfarbe. Mit gedrückter linker Maustaste ziehst du die Länge des Farbverlaufes auf.

a) Beschreibe die Unterschiede auf den Fotos.
b) Öffne die hinterlegte Bilddatei und erzeuge den Himmel. Setze dazu einen Farbverlauf ein.
c) Probiere weitere Farbverläufe aus.

38107-33
Bilddatei zu Aufgabe 3

Für das Sommerfest sollen Plakate und Einladungskarten gedruckt werden. Bei einem Probedruck stellt Arbesa fest, dass das Logo der Schule und die Schrift gestochen scharf gedruckt wurden. Eingefügte Bilder sind auf der Einladungskarte in guter Qualität zu sehen, auf dem Plakat aber unscharf und verpixelt.

▶ Versuche Arbesa zu erklären, woran das liegt.

Vektorgrafiken werden vor allem für Logos und Schriften verwendet.

Profis können daraus auch aufwendige Vektorgrafiken, wie z. B. Mangas, erstellen.

Vektorgrafik und Rastergrafik

Eine **Rastergrafik** ist aus vielen einzelnen Pixeln aufgebaut (➡ 2.1). Diese Millionen Pixel erzeugen ein detailgetreues Bild. Eine **Vektorgrafik** hingegen ist aus wenigen Farben und einfachen, **geometrischen Formen** zusammengesetzt. Beispiele für solche geometrischen Formen sind Linien, Rechtecke, Kreise und Vielecke. Eine Vektorgrafik kann **beliebig vergrößert** werden, ohne dass die **Qualität** des Bildes leidet. Das liegt daran, dass diese einfachen Formen anhand ihrer mathematischen Eigenschaften berechnet werden.

A1 Vektorgrafik und Rastergrafik unterscheiden

Erinnere dich daran, wie eine Rastergrafik aufgebaut ist.

1. Entscheide, in welchem Fall es sich um eine Vektorgrafik bzw. um eine Rastergrafik handelt.
2. Erkläre, warum man eine Rastergrafik nicht beliebig ohne Qualitätsverluste vergrößern kann.
3. Beschreibe, in welche geometrischen Formen sich das Straßenschild zerlegen lässt.

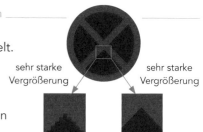

sehr starke Vergrößerung   sehr starke Vergrößerung

Grundlagen: Klasse und Objekt

Um Vektorgrafiken zu verstehen, ist das grundlegende Konzept der **Objektorientierung** nötig.

Die **Klasse** ist ein Bauplan für **Objekte**. Das kann man sich vorstellen wie eine Schublade in einem Regal mit der Aufschrift Rechteck. In dieser Klasse (Schublade RECHTECK, DREIECK, ...) findet man viele verschiedene Objekte (Rechtecke, Dreiecke, ...).

Dieses Konzept wird auch bei der Programmierung (➡ Kapitel 3) eine wichtige Rolle spielen und kann auf weitere Bereiche (z. B. im Alltag) angewandt werden.

RECHTECK

DREIECK

...

A2 Klasse und Objekt unterscheiden

1. Betrachte die nebenstehenden geometrischen Figuren.
    a) Ordne die Objekte den passenden Klassen (Schubladen) zu.
    b) Ergänze im obigen Regal weitere Klassen geometrischer Formen.
2. Die Objektorientierung kann man auch im Alltag anwenden. Finde passende Objekte für die Klassen TIER, BAUM und BLUME.

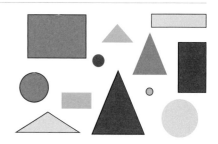

Grundlagen: Attribut und Attributwert

Objekte einer Klasse haben den gleichen Bauplan. Diese gemeinsamen Eigenschaften nennt man **Attribute**. Sie unterscheiden sich jedoch in ihren **Attributwerten**. Zum Beispiel sind die zwei nebenstehenden Figuren Objekte der Klasse RECHTECK.

Beispiel für ein Objekt aus der Klasse RECHTECK:

Attribut	mögliche Werte
Länge	2 cm; 4 m
Breite	1.5 mm; 7 dm
…	…

A3 Attribute und Attributwerte unterscheiden

Du hast Informationen zu den oben abgebildeten Objekten der Klasse RECHTECK.

Rechteck1: RECHTECK

Linienfarbe:	schwarz
Linienart:	durchgezogen
Linienstärke:	0.10 mm
Füllfarbe:	grellgrün
Länge:	2.88 cm
Breite:	7.41 mm

Rechteck2: RECHTECK

Linienfarbe:	schwarz
Linienart:	gestrichelt
Linienstärke:	0.10 mm
Füllfarbe:	rot
Länge:	3.28 cm
Breite:	3.36 cm

1. Ordne jedem Objekt die richtige Karte zu. Begründe deine Zuordnung.
2. Nenne Attribute der Klasse RECHTECK.
3. Beschreibe Unterschiede der beiden Objekte.

Vektorgrafiken setzen sich aus einfachen **geometrischen Formen** zusammen. Diese werden berechnet und können daher verlustfrei vergrößert werden.
Zum Verständnis ist das Konzept der **Objektorientierung** wichtig: Eine **Klasse** ist ein Bauplan für **Objekte**. Dieser Bauplan besteht aus verschiedenen **Attributen** (Eigenschaften). Verschiedene Objekte innerhalb einer Klasse haben jedoch unterschiedliche **Attributwerte**.

1 Pavel sagt: „Meine geometrische Form aus der Klasse der VIELECKE hat die angegebenen Attributwerte."

Linienfarbe	= grün
Füllfarbe	= gelb
Anzahl der Ecken	= 5
Linienart	= gestrichelt

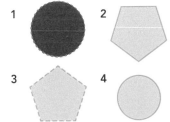

Begründe, welche der abgebildeten Formen sich Pavel ausgesucht hat.

2 Die Objektorientierung kann auch auf andere Bereiche angewandt werden.
  a) Nenne zu jeder Klasse zwei Objekte.
  AUTO   SÄNGER/IN   SCHAUSPIELER/IN
  b) Finde für die folgenden Attribute passende Attributwerte.
  Farbe des T-Shirts   Schuhgröße   Haarfarbe

3 Stadt-Land-Fluss einmal anders: Eine Mitspielerin oder ein Mitspieler nennt eine Klasse. Jede Person muss so schnell wie möglich fünf passende Objekte notieren. Wer zuerst fünf passende Objekte notiert hat, gewinnt das Spiel. 👥

Michi und Arbesa wissen schon, dass die beiden nebenstehenden Objekte einer Klasse angehören. Nun möchten sie das grüne Rechteck in das rote Rechteck überführen. Hilf Michi und Arbesa.

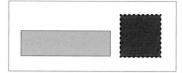

▸ Nenne die relevanten Attribute.
▸ Beschreibe, wie die Attributwerte geändert werden müssen.

Grundlagen: Methode

Mit einer **Methode** kann man die Attributwerte eines Objektes verändern. Für die Rechtecke gibt es z.B. die Methode „BreiteSetzen" und die Methode „Länge-Setzen". Mit diesen Methoden kann man die Breite und die Länge des Rechtecks verändern. Für reale Objekte ist z.B. „Fahren" eine Methode für einen Traktor und „Fliegen" eine Methode für ein Flugzeug.

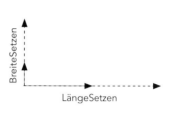

38107-34
interaktive Datei zu A1

A1 Methoden erkennen

1. Ordne den Attributen 1–4 diejenigen Methoden A–D zu, die die Attributwerte ändern können. Du kannst diese Aufgabe auch interaktiv bearbeiten. Öffne dazu die hinterlegte Datei. 🖵

1 Koordinaten	2 Linienart	A FüllfarbeSetzen	B LinienartSetzen
3 Füllfarbe	4 Koordinaten des Mittelpunkts	C Verschieben	D MittelpunktSetzen

2. Finde passende Methoden für Objekte der folgenden Klassen.
   a) PAPIER   b) HOLZ   c) PINNWAND

Grundlagen: Klassenkarten und Objektkarten

Um Objekte aus einer Klasse miteinander zu vergleichen, benötigt man einen Überblick über ihre Attributwerte. Um die Übersicht zu behalten, verwendet man hierfür sogenannte **Klassenkarten** und **Objektkarten**. Auf einer Klassenkarte finden sich Klassenname,

Attribute und Methoden. Notiert man für ein bestimmtes Objekt die Attributwerte zum Bauplan (Attribute) aus der Klassenkarte, so erhält man eine Objektkarte.

A2 Klassenkarte und Objektkarte unterscheiden

KLASSENNAME
(alle Buchstaben groß)

1. Bei welcher Karte handelt es sich um eine Klassenkarte, bei welcher um eine Objektkarte? Begründe deine Entscheidung.
2. Nenne Unterschiede, die du zwischen Klassenkarte und Objektkarte feststellen kannst.

KREIS
Linienfarbe
Linienart
Linienstärke
Füllfarbe
Radius
Verschieben
FüllfarbeSetzen
RadiusSetzen

Beispielkreis: KREIS	
Linienfarbe:	schwarz
Linienart:	durchgezogen
Linienstärke:	0.1 mm
Füllfarbe:	gelb
Radius:	1 cm

Die Attributwerte eines Objekts können mithilfe von **Methoden** verändert werden. Auf **Klassenkarten** werden der Klassenname, die Attribute und die Methoden notiert. Auf **Objektkarten** stehen zusätzlich der Objektname und die Attributwerte. Klassenkarten haben spitze Ecken, Objektkarten haben abgerundete Ecken.

1 Ordne die Wortkarten den Begriffen Attribut, Attributwert und Methode zu. Du kannst diese Aufgabe auch interaktiv bearbeiten. Öffne dazu die hinterlegte Datei. 🖥

Farbe	3 cm	Verschieben	FarbeSetzen
0.1 dm	Strecken	blau	Linienart
Drehen	Breite	45°	Radius

38107-35
interaktive Datei zu
Aufgabe 1

2 Nenne Attribute, die du aus den Karten herauslesen kannst.

re0: RECHTECK

Linienfarbe:	rosarot
Linienart:	gepunktelt
Linienstärke:	3.00 mm
Füllfarbe:	grün
Länge:	9.74 cm
Breite:	6.14 cm

LINIE

Linienfarbe
Linienart
Linienstärke
Punkt1X
Punkt1Y
Punkt2X
Punkt2Y

Zeichnen
Verschieben
Strecken
Drehen

3 a) Nenne Attribute, die für die Klasse SCHUELER sinnvoll sind.
b) Erstelle eine Klassenkarte für die Klasse SCHUELER.
c) Verfasse für einen Partner oder eine Partnerin eine Objektkarte. 👥

Name: …
Vorname: …
Wohnort: …
Hobbys: …
Motto: …

Bei der Beschreibung von Personen sind diese Karten mit einem Steckbrief vergleichbar.

4 Zu den Klassen KREIS und DREIECK ist jeweils ein Objekt gegeben.

Tischtennisball: KREIS

Linienfarbe:	schwarz
Linienart:	durchgezogen
Linienstärke:	5 mm
Füllfarbe:	weiß
Radius:	2 cm

Warndreieck: DREIECK

Linienfarbe:	rot
Linienart:	durchgezogen
Linienstärke:	5 mm
Füllfarbe:	weiß
Seite a:	3 cm
Seite b:	3 cm
Seite c:	3 cm

a) Zeichne die Objekte zu den abgebildeten Objektkarten.
b) Vergleiche dein Ergebnis mit dem eines Partners oder einer Partnerin. Korrigiert euch gegenseitig, falls nötig. 👥
c) Nenne Methoden, mit denen du das Objekt Tischtennisball in ein Objekt Sitzball umwandeln kannst.

r = 27,5 cm

Für die geplanten Einladungskarten und Plakate möchte Arbesa das Schullogo in einem Grafikprogramm erstellen. Sie überlegt: „Sowohl auf den kleinen Karten als auch auf den großen Plakaten soll das Logo gestochen scharf aussehen."

▸ Was rätst du Arbesa?
▸ Suche nach passenden Programmen.

Ein weiteres Programm zur Bearbeitung von Vektorgrafiken ist z. B. *Inkscape*. Falls du mit Object Draw arbeitest, nutze im Buch die hinterlegten Dateien mit der Endung *.odr*. Ansonsten kannst du die *.svg*-Dateien nutzen.

Die Oberfläche eines Vektorgrafikprogramms

Es gibt viele verschiedene Vektorgrafikprogramme. Hier wird beispielhaft die Oberfläche von *Object Draw* vorgestellt.

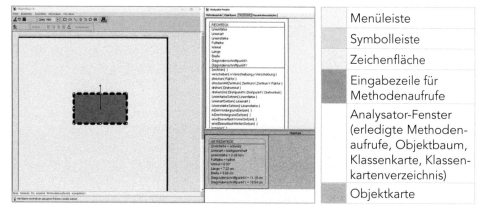

	Menüleiste
	Symbolleiste
	Zeichenfläche
	Eingabezeile für Methodenaufrufe
	Analysator-Fenster (erledigte Methodenaufrufe, Objektbaum, Klassenkarte, Klassenkartenverzeichnis)
	Objektkarte

A1 Die Oberfläche von Object Draw erkunden

1. Erstelle ein neues Objekt und notiere dir Informationen aus dem Analysator-Fenster.
2. Erstelle ein zweites Objekt einer anderen Klasse und vergleiche die Informationen, die du im Analysator-Fenster und in der Objektkarte findest.

Einfache Vektorgrafiken erstellen

In **Vektorgrafikdokumenten** können Objekte folgender Klassen eingefügt werden.

Klasse	Ein Objekt Klasse	Bemerkung
ELLIPSE		Ein Kreis ist ein Sonderfall der Klasse ELLIPSE, ein Quadrat ist ein Sonderfall der Klasse RECHTECK.
RECHTECK		Für Quadrate gilt Länge = Breite bzw. für Kreise gilt Radius X = RadiusY.
		Drückt man beim Ziehen mit der Maus die Umschalt-Taste ⇧, so entstehen Kreise bzw. Quadrate.
TEXTFELD	Text hier eingeben	Objekte der Klasse TEXTFELD sind Rechtecke, in die ein beliebiger Text eingefügt wird.
LINIE		Objekte der Klasse LINIE haben keine Fläche, ihnen fehlt also z. B. das Attribut Füllfarbe.

Die Dateigröße von Vektorgrafiken ist im Vergleich zu Rastergrafiken sehr klein.

A2 Eine einfache Vektorgrafik erstellen 🖥 _____

1. Erzeuge in einem Vektorgrafikprogramm die folgenden Rechtecke.

a)

b)

aufgabe_b: RECHTECK	
Linienfarbe:	rot
Linienart:	gestrichelt
Linienstärke:	0.10 mm
Füllfarbe:	grellgrün
Länge:	5.00 cm
Breite:	3.00 cm

c) Das hellrote Rechteck ist 4 cm breit und 2 cm lang. Die 0,1 mm starke Linie ist durchgezogen und unsichtbar.

2. Welches dieser Rechtecke konntest du am leichtesten erstellen? Begründe.
3. Schiebe die Rechtecke übereinander und beschreibe deine Beobachtung.
4. Ändere die Reihenfolge der drei aufeinanderliegenden Rechtecke.

Bei mehreren Objekten kann man durch Rechtsklick auf das gewünschte Objekt die Reihenfolge ändern.

Zur Erstellung von Vektorgrafiken gibt es viele unterschiedliche **Vektorgrafikprogramme**. Es können Objekte der Klassen **ELLIPSE**, **RECHTECK**, **TEXTFELD** und **LINIE** eingefügt werden. Die **Dateigröße** von Vektorgrafiken ist im Vergleich zu Rastergrafiken **sehr klein**.

1 Erzeuge ein Textfeld in einem Vektorgrafikprogramm. Schreibe „*Eine Vektorgrafik ist eine Computergrafik, die aus grafischen Primitiven wie Linien, Kreisen, Vielecken oder allgemeinen Kurven zusammengesetzt ist.*" in das Textfeld. Beschreibe deine Beobachtung. 🖥

⌐ ‾ ‾ ‾ ‾ ‾ ‾ ‾ ‾ ‾ ‾ ‾ ‾ ⌐
: Text hier eingeben :
⌐ _ _ _ _ _ _ _ _ _ _ _ _ ⌐

2 Du siehst zwei Objektkarten.

a) Nenne die Klasse, der beide Objekte angehören.

b) Entscheide mithilfe der Objektkarten, welches dieser zwei Objekte ein Kreis ist. Begründe.

c) Erzeuge die zwei Objekte der Klasse ELLIPSE. Lies weitere Attribute aus dem Programm heraus. 🖥

el0: ELLIPSE	
Linienfarbe:	hellrot
Linienart:	gestrichpunktelt
Linienstärke:	1.00 mm
Füllfarbe:	grellgrün
RadiusX:	4.00 cm
RadiusY:	2.00 cm

el1: ELLIPSE	
Linienfarbe:	grellgrün
Linienart:	gestrichelt
Linienstärke:	1.00 mm
Füllfarbe:	rot
RadiusX:	2.42 cm
RadiusY:	2.42 cm

3 Erstelle ein Objekt der Klasse KREIS. 🖥

a) Kopiere den Kreis oft genug und färbe die Kopien geeignet ein, so dass damit nebeneinander die drei Zustände einer Fußgängerampel (rotes Licht leuchtet ①, grünes Licht leuchtet ② und aus ③) dargestellt werden.

b) Löse die Aufgabe für eine Autoampel.

4 Sarah bastelt gerne Ketten aus Kreisen und Quadraten in verschiedenen Farben.

a) Nenne die Klassen der Objekte, die sie dafür benötigt.

b) Erzeuge in einem Vektorgrafikprogramm selbst eine solche Kette aus fünf Kreisen oder Quadraten. 🖥

c) Verschiebe diese Kette nach oben. 🖥

Tipp: Du kannst bereits vorhandene Objekte kopieren und einfügen.

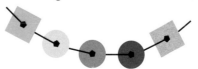

Sarah bastelt in einem Vektorgrafikprogramm eine Kette aus Kreisen und Quadraten. Anschließend versucht sie, die einzelnen Objekte zu verschieben.

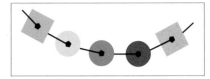

▸ Beschreibe deine Erfahrungen beim Verschieben mehrerer Objekte.
▸ Überlege, wie man vorhandene Probleme lösen könnte.

Eine Vektorgrafik aus mehreren Objekten erstellen

Bei der Erstellung eines Plakates oder eines Logos werden häufig mehrere Objekte verschiedener Klassen benötigt. Oft ist es einfacher, wenn man diese Objekte nicht alle einzeln verschieben muss. Dafür kann man in Textverarbeitungs-, in Präsentations- und auch in Vektorgrafikprogrammen **mehrere Objekte gruppieren**.

Möglichkeiten, um mehrere Objekte zu markieren:
▸ Aufziehen eines Markierungsrahmens mit gedrückter linker Maustaste, der alle Objekte beinhaltet
▸ Umschalt-Taste (Shift) gedrückt halten und auf jedes einzelne Objekt klicken

▸ Vorgehen: Markiere die Objekte, die du gruppieren möchtest und wähle die Methode *Gruppieren*.

Die gruppierten Objekte stehen nun in einer Beziehung zueinander. Diese Art von Beziehung nennt man **Enthält-Beziehung**. Mithilfe eines **Objektbaums** kann man diese Beziehung grafisch darstellen, z. B.:

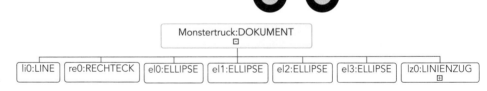

A1 Objekte gruppieren

1. Fasse zusammen, aus wie vielen Klassen die Objekte des oben abgebildeten Monstertrucks stammen.
2. Gruppiere deine Kette aus ↪ 2.10, Aufgabe 4. Du kannst dazu auch die hinterlegte Datei nutzen. 🖥
3. Erzeuge in einem Vektorgrafikprogramm die Deutschland-flagge und gruppiere die einzelnen Objekte. Informiere dich dazu mithilfe einer dir bekannten Suchmaschine über die Seitenverhältnisse. 🖥

38107-38
Datei zu A1

Objektname
Wird der Objektname nicht manuell eingegeben, vergibt die Software einen Objektnamen.

Methodenname
Häufig bezieht sich der Methodenname auf das Attribut, dessen Wert verändert wird. (Breite: BreiteSetzen)

Parameter
Die Angabe von Maßzahlen in mm.

Objekte bearbeiten

Mithilfe von Methoden können bereits erstellte Objekte angepasst und verändert werden, denn durch Methoden werden Attributwerte der jeweiligen Objekte verändert.

Aufbau einer Methode (Punktschreibweise):

Objektname.Methodenname(Parameter)   z. B.: re0.BreiteSetzen(50)

Methodenname	Attribut, dessen Wert verändert wird	Bemerkung
verschieben	DiagonalenschnittpunktX DiagonalenschnittpunktY	Werte der Verschiebung werden in mm angegeben.
AttributwertSetzen	z. B.: Füllfarbe, Länge, Breite, Linienfarbe, Linienart, Linienstärke, RadiusX, RadiusY, Eckenanzahl, Winkel	Attributwerte können damit verändert werden. Methodenname ≙ AttributnameSetzen

Schreibst du in Object Draw im Methodenaufruf den Objektnamen und einen Punkt, werden dir alle möglichen Methoden für dieses Objekt angezeigt.

A2 Methoden anwenden 🖵 _____

1. Erzeuge in einem Vektorgrafikprogramm ein Rechteck mit der Füllfarbe blau.
2. Setze die Linienstärke auf (3), die Linienfarbe auf (rot) und die Linienart (gepunktet).
3. Benenne das Rechteck in Rechteck1 und drehe es um 45°.

```
zeichnen( )
verschieben( x-Verschiebung, y-Verschiebung )
strecken( Faktor )
streckenMitZentrum( ZentrumX, ZentrumY, Faktor )
drehen( Drehwinkel )
drehenUm( DrehpunktX, DrehpunktY, Drehwinkel )
LinienfarbeSetzen( Linienfarbe )
```

Häufig werden Vektorgrafiken aus mehreren Objekten erstellt. Diese können **gruppiert** werden. Man spricht dann von der **Enthält-Beziehung** und kann diese in einem **Objektbaum** darstellen. Mithilfe von **Methoden** können die Attributwerte der einzelnen oder gruppierten Objekte leicht angepasst werden.

MERKE

AUFGABEN

1 Erzeuge in einem Vektorgrafikprogramm eine Ellipse.
   a) Setze die Füllfarbe auf grün.
   b) Setze die Linienstärke auf (2.5), die Linienfarbe auf (dunkelblau) und die Linienart (gestrichpunktelt).
   c) Ändere die Radien RadiusX und RadiusY so, dass ein Kreis entsteht.

2 Erzeuge die Objekte mithilfe der Objektkarten in einem Vektorgrafikprogramm. Beschreibe, was dargestellt wird. 🖵

Rechteck1: RECHTECK	
Linienfarbe:	schwarz
Linienart:	durchgezogen
Linienstärke:	0.00 mm
Füllfarbe:	meeresgrün
Länge:	5.00 cm
Breite:	9.00 cm
DiagonalenschnittpunktX:	5.00 cm
DiagonalenschnittpunktY:	20.00 cm

Rechteck2: RECHTECK	
Linienfarbe:	schwarz
Linienart:	durchgezogen
Linienstärke:	0.00 mm
Füllfarbe:	weiß
Länge:	5.00 cm
Breite:	9.00 cm
DiagonalenschnittpunktX:	10.00 cm
DiagonalenschnittpunktY:	20.00 cm

Rechteck3: RECHTECK	
Linienfarbe:	schwarz
Linienart:	durchgezogen
Linienstärke:	0.00 mm
Füllfarbe:	rot
Länge:	5.00 cm
Breite:	9.00 cm
DiagonalenschnittpunktX:	15.00 cm
DiagonalenschnittpunktY:	20.00 cm

3 Öffne die hinterlegte Datei in einem Vektorgrafikprogramm. 🖵
   a) Ändere die Objekte so, dass das nebenstehende Bild entsteht.
   b) Notiere die Methodenaufrufe, die dafür nötig sind.

38107-39
Datei zu Aufgabe 3

4 Suche dir eine Flagge aus und erstelle sie mit einem Vektorgrafikprogramm. Fertige die Objektkarten dazu an. 🖵

1 Öffne ein Rastergrafikprogramm und experimentiere. Du kannst deine Ergebnisse in der hinterlegten Tabelle festhalten ( ).

38107-40
Tabelle zu
Aufgabe 1

Gibt die Farbe an, die bei den vorgegebenen RGB-Werten entsteht.

	R	G	B	Farbe
Wert	0	0	0	
Wert	255	0	0	
Wert	255	204	0	

Gib den Farbton an, den man erhält, wenn für R, G und B der gleiche Wert eingesetzt wird. Erkläre deine Beobachtung.

	R	G	B	Farbe
Wert	0	0	0	
Wert	204	204	204	
Wert	255	255	255	

2 Nimm Stellung zur Aussage.

Ich fotografiere immer mit der niedrigsten Auflösung, da bekomme ich viel mehr Bilder auf meine Speicherkarte!

Die Druckerei benötigt ein Bild mit 300 dpi, weniger reicht nicht.

3 Öffne das hinterlegte Bild des Schiffs in einem Rastergrafikprogramm.

38107-41
Bilddateien
zu Aufgabe 3

a) Erstelle eine Kopie der Hintergrundebene.
b) Benenne die Ebenenkopie mit aussagekräftigen Namen.
c) Retuschiere auf der Ebenenkopie die Lichterkette aus dem Bild heraus.

a) Erstelle eine Kopie der Hintergrundebene.
b) Importiere zusätzlich das hinterlegte Bild der Möwe als weitere Ebene und benenne die Ebenen mit aussagekräftigen Namen.
c) Retuschiere auf der Ebenenkopie die Lichterkette aus dem Bild heraus.
d) Passe das zweite Bild in Größe und Position an, sodass eine realistische Collage entsteht.

4

Erstelle eine Objektkarte zum abgebildeten Objekt.

a) Zeichne eine geometrische Figur mit drei Attributen.
b) Erstelle eine Objektkarte.
c) Gib deine Objektkarte an einen Partner oder eine Partnerin weiter. Zeichnet dein Partner bzw. deine Partnerin die gleiche Figur wie du?

5

Beschreibe, aus welchen Grundformen und Farben das Handyverbotsschild zusammengesetzt ist.

Zeichne das Handyverbotsschild mit einem einfachen Vektorgrafikprogramm nach.

6 Erkläre die Bedeutung der drei Buchstaben RGB im gleichnamigen Farbmodell.

7 Öffne das hinterlegte Bild der Ruinenmauer in einem Rastergrafikprogramm.
a) Stelle die Mauer frei.
b) Öffne zusätzlich das hinterlegte Bild mit den roten Wolken.
c) Füge die Mauer in das Bild mit den Wolken ein.
d) Passe den Farbton der Mauer an, sodass das Bild realistisch wirkt.

38107-42
Bilddateien zu Aufgabe 7

8 Öffne das hinterlegte Bild der Kuh in einem Rastergrafikprogramm.
a) Stelle die Kuh mit dem Zauberstab frei.

Tipp: Wenn der Zauberstab nicht alles erkennt, was zur Kuh gehört, kannst du den Rest mit dem Lassowerkzeug zur Auswahl hinzufügen.
b) Färbe das Fell der Kuh neu ein. Beschreibe dein Vorgehen.

38107-43
Bilddatei zu Aufgabe 8

9 Suchbilder machen Spaß und fördern die Konzentration und Beobachtungsgabe.
a) Verwende ein Bild deiner Wahl und nimm fünf Veränderungen vor. Denke dabei an Retusche, füge etwas hinzu oder verändere die Farbe.
b) Finden deine Mitschüler und Mitschülerinnen die fünf Veränderungen?

10 Ordne richtig zu. Du kannst diese Aufgabe auch interaktiv bearbeiten. Öffne dazu die hinterlegte Datei ( ).

1 Klassenname	2 Objekt	A 21 Gänge	B Anzahl der Gänge	H
3 Attribut	4 Attributwert	C Fahrrad	D Mountainbike	
5 Objektkarte	6 Klassenkarte	E radfahren	F grün	I
7 Methode		G Farbe		

38107-44
interaktive Datei
zu Aufgabe 10

11 Vervollständige die Objektkarte der abgebildeten Figur.

ve0:VIELECK
Linienfarbe:
Linienart:
Linienstärke: 0.10 mm
Füllfarbe:
Breite: 1.71 cm
Länge: 2.00 cm
Eckenzahl:

12 Das SMV-Team möchte ein Schul-T-Shirt gestalten und zum Verkauf anbieten. Im Internet findet das SMV-Team zahlreiche Ideen zur Gestaltung des T-Shirts. Eine davon möchte das Team nutzen und mit einem Rastergrafikprogramm verändern. Was empfiehlst du dem Team, bevor es sich an die Arbeit macht? Beschreibe, was das Team dabei beachten muss. Begründe deine Antwort.

38107-45
Dateien zu Aufgabe 13

13 In den Objektkarten haben sich jeweils zwei Fehler eingeschlichen. Findest du sie? Öffne dazu die hinterlegten Dateien. 🖥

ve0: VIELECK		**ve1: VIELECK**		**ve2: VIELECK**	
Linienfarbe:	schwarz	Linienfarbe:	grau	Linienfarbe:	schwarz
Linienart:	gestrichelt	Linienart:	durchgezogen	Linienart:	gepunktelt
Linienstärke:	2.50 mm	Linienstärke:	5.00 mm	Linienstärke:	2.50 mm
Füllfarbe:	rot	Füllfarbe:	blau	Füllfarbe:	blau
Breite:	13.41 cm	Breite:	13.41 cm	Breite:	13.41 cm
Länge:	14.61 cm	Länge:	14.61 cm	Länge:	14.61 cm
Eckenzahl:	10	Eckenzahl:	5	Eckenzahl:	6

14 Finde für jede Klasse alle passenden Objekte.

a) MOTORRAD   b) KLEINWAGEN   c) ROT

A   B   C   D

15 Entwerft nun euer eigenes Logo! 👥
Zur Auswahl stehen folgende Themen:

| Meine Schulklasse | Ein Unterrichtsfach | Mein Hobby | Meine Schule |

a) Entscheidet euch in der Klasse für eines der obigen Themen.
b) Geht in Gruppen zusammen und entwerft ein aussagekräftiges Logo. Sammelt dazu zunächst all eure Ideen und legt euch dann in eurer Gruppe auf ein Logo fest.
c) Arbeitet nun in der Gruppe weiter: Setzt euer Logo in einem Vektorgrafik-programm um. Denkt dabei an wichtige Hilfsmittel zum Arbeiten mit mehreren Objekten, wie z. B. dem Gruppieren oder dem Festlegen einer Reihenfolge der Objekte. 🖥
d) Zum Schluss präsentiert jede Gruppe ihr Logo vor der gesamten Klasse. Vergleicht eure Ergebnisse und wählt das beste Logo aus.

38107-46
Bilddatei zu Aufgabe 16

16 Öffne das hinterlegte Bild von E.T.A. Hofmann.
a) Stelle die Figur frei und schärfe ihre Kanten.
b) Füge auf der obersten Ebene eine neue Ebene ein. Wähle die Figur aus und färbe sie auf der obersten Ebene ein (RGB: 190;9;9).
c) Füge eine weitere Ebene als Hintergrund ein. Erstelle einen passenden Farbverlauf für den Hintergrund.

M1 Neben dem RGB-Farbmodell gibt es das CMYK-Farbmodell. Recherchiere. 🖥️   ➥ Unterkapitel 2.1
   a) Wofür stehen die Buchstaben CMYK? Erkläre.
   b) In welchen Situationen wird dieses Farbmodell angewandt?
   c) Stelle deine Ergebnisse in der Klasse vor. 👥

M2 Öffne ein Bild deiner Wahl oder das hinterlegte Bild in einem Rastergrafikprogramm. 🖥️

  ➥ Unterkapitel 2.3

38107-47
Bilddatei zu M2

   a) Erhöhe die Sättigung des Farbtons, sodass die Farben kräftiger wirken.
   b) Farbton und Sättigung kann man auch mit den soge- nannten *Gradationskurven* verändern. Experimentiere mit diesen Kurven, um die Sättigung zu erhöhen. Wähle dazu die Einstellung RGB bei den Gradationskurven.
   c) Begründe, mit welcher Methode du lieber arbeitest.

M3 Öffne das hinterlegte Bild in einem Rastergrafikprogramm. Bearbeite es wie angegeben. 🖥️

38107-48
Bilddatei zu M3

   a) Das Bild bekommt einen kalten Farbton.
   b) Das Bild bekommt einen warmen Farbton.
   c) Wandle das Bild in Schwarzweiß um.
   d) Ändere das Bild in einen Sepiafarbton.

Bilder im Farbton Sepia sind in einer gelblich-bräunlichen Farbe gehalten.

M4 Betrachte die beiden Bilder der Feste Kronach genau. 🖥️

  ➥ Unterkapitel 2.4, 2.5

38107-49
Bilddatei zu M4

   a) Nenne Unterschiede, die du auf den beiden Bildern erkennst.
   b) Öffne das hinterlegte Bild in einem Rastergrafikprogramm. Verändere es so, dass es wie das rechte Bild aussieht.
   c) Speichere das bearbeitete Bild unter einem neuen, sinnvollen Namen ab.
   d) Retuschiere noch drei weitere Bildbereiche deiner Wahl. Speichere das Bild anschließend wieder unter einem neuen Namen ab.

➥ Unterkapitel 2.4, 2.5

38107-50
Bilddatei zu M5

M5 Hier hat sich jemand einen Scherz erlaubt, oder doch nicht? 🖵

a) Stelle eine Vermutung auf: Welches Bild ist wohl das Original?
b) Öffne die hinterlegten Bilddateien in einem Rastergrafikprogramm und stelle die Collage nach.

➥ Unterkapitel 2.6, 2.7

38107-51
Bilddateien zu M6

M6 Öffne die hinterlegten Bilddateien in einem Rastergrafikprogramm. 🖵

a) Stelle die beiden Urzeitwesen frei. Verwende den Zauberstab und das Lasso.
b) Mit welchem Werkzeug kommst du besser zurecht?
c) Färbe das Schneckenhaus des Kraken grün und das Auge des Dinos blau ein.
d) Beschreibe Schwierigkeiten und Unterschiede.

➥ Unterkapitel 2.8, 2.9

M7 Objekte und Attribute im Alltag.
a) Ordne den Objekten deines Federmäppchens passende Attribute zu.
b) Ordne den Objekten deiner Schultasche passende Attribute zu.

➥ Unterkapitel 2.10, 2.11

M8 Du siehst mehrere Vektorgrafiken abgebildet.

a) Wähle eine der Grafiken aus. Aus welchen Objekten ist die Grafik aufgebaut? Nenne die Klassen dieser Objekte.
b) Erstelle die Grafik, die du ausgewählt hast, in einem Vektorgrafikprogramm.
c) Wiederhole Aufgabe a) und b) für weitere Grafiken.

M9 Erstelle in einem Vektorgrafikprogramm eine ähnliche Zeichnung wie die des Pinguins mit den Objekten Linie, Kreis, Vieleck und Kurvenzug.

Das große Info-Quiz!

In dem Wortgitter sind acht Begriffe versteckt, die du in diesem Kapitel kennengelernt hast. Die Hinweise führen dich auf die richtige Spur.
Öffne die hinterlegte Datei, um das Wortgitter ausfüllen zu können ().

38107-52
Wortgitter

X	Ä	Q	L	S	K	A	L	I	E	R	E	N	K	N
D	P	A	M	S	Q	F	A	R	B	T	O	N	L	Z
S	C	U	F	E	P	N	Ä	D	Z	H	P	C	A	I
U	P	I	K	N	Q	Q	C	V	B	S	A	Ä	S	Ä
Ä	F	B	X	S	W	V	G	E	M	Q	B	W	S	E
W	R	Ö	X	O	Q	Ä	W	K	Ä	F	S	N	E	V
Y	E	W	I	R	G	R	F	T	U	F	D	B	N	P
S	I	T	B	W	A	V	E	O	Y	K	O	K	K	M
E	S	E	I	Z	W	H	O	R	H	M	Ä	I	A	E
B	T	B	E	U	C	Ö	Z	G	B	L	E	Q	R	T
V	E	Y	I	S	G	N	I	R	Ö	F	L	X	T	H
U	L	W	U	S	M	J	V	A	I	O	Q	O	E	O
X	L	T	Y	S	Q	O	V	F	K	Ö	H	D	W	D
Z	E	X	X	K	X	L	X	I	X	W	M	F	Ö	E
R	N	C	L	Ä	W	Y	T	K	T	U	U	G	M	N

1. „Ich bin der Fachbegriff für Nachbesserung."
2. „Ich bin aus wenigen Farben und Formen zusammengesetzt und kann beliebig vergrößert werden."
3. „Ich bin der Fachbegriff für das Verändern der Größe eines Bildes."
4. „Wenn Profis einen Bildbereich ausschneiden sagen sie auch … dazu."
5. „Durch mich wird ein Bild bunt."
6. „Wenn das Licht auf mich fällt, wird es von der Digitalkamera gespeichert."
7. „Mit meiner Hilfe können die Attributwerte eines Objekts verändert werden."
8. „Auf mir werden nur Klassenname, Attribute und Methoden notiert."

1 Hakan behauptet: „Es ist egal, mit welcher Auflösung ein Bild fotografiert wird. Der Ausdruck ist immer gleich gut!" Nimm Stellung zu Hakans Behauptung.

2 Julika hat für eine Fotoausstellung Bilder digital aufbereitet. Beschreibe die Veränderungen und nenne Werkzeuge, die für diese Änderungen genutzt werden können.

3 Hardy hat eine Objektkarte erstellt. Mandy stellt fest, dass er drei Fehler gemacht hat. Finde diese Fehler.

Hardysrechteck: Rechteck
Linienfarbe: schwarz
Linienart: gepunktelt
Füllfarbe: türkis
Länge: 2.20 cm
Breite: 2.60 cm

Ich kann …	in Aufgabe	Hilfe
den Aufbau einer Rastergrafik erklären und kenne verschiedene Dateiformate zum Speichern von digitalen Bildern.	1	2.1
ein Bild mit einem Rastergrafikprogramm bearbeiten (z. B. Farbton, Helligkeit, Retusche).	2	2.1–2.7
Vektorgrafiken, Attributwerte, Klassen und Methoden erkennen und damit arbeiten.	3	2.8–2.11

Rastergrafiken ➥ 2.1

Eine Digitalkamera speichert die Lichtfarben Rot, Grün und Blau (**RGB**). Eine Rastergrafik ist wie ein Mosaik aus Millionen von Bildpunkten (Pixeln) aufgebaut.

Die Auflösung gibt die Anzahl und die Dichte der Pixel an. Je höher die Auflösung, desto schärfer ist ein Bild, wenn man es skaliert.

Rechtliche Aspekte ➥ 2.3

Bei der Verwendung von Bildern ist zu unterscheiden, woher diese stammen. Je nachdem sind das Urheberrechtsgesetz und CC-Lizenzen bzw. das Kunsturheberrecht zu beachten.

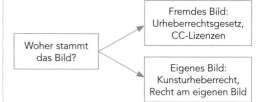

Rastergrafiken bearbeiten ➥ 2.2–2.7

Die Bearbeitung von Rastergrafiken kann auf vielfältige Weise erfolgen:

▸ Helligkeit und Kontrast
▸ Farbton und Sättigung
▸ Verbessern leichter Unschärfebereiche
▸ Retusche störender Elemente

Auch ausgewählte Bildbereiche kann man neu einfärben, drehen oder freistellen.

Beispiel einer Bildbearbeitung im Bereich Farbton und Sättigung

Vektorgrafik vs. Rastergrafik ➥ 2.8, 2.10, 2.11

Vektorgrafiken setzen sich aus einfachen geometrischen Formen zusammen.
Die Dateigröße ist im Vergleich zu Rastergrafiken sehr klein. Vektorgrafiken können verlustfrei vergrößert werden.

Das Konzept der Objektorientierung ➥ 2.8, 2.9

Eine Klasse ist ein Bauplan für Objekte. Dieser besteht aus verschiedenen Attributen (Eigenschaften). Die Attributwerte können durch Methoden verändert werden.

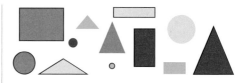

Einige Objekte der Klassen RECHTECK, DREIECK und KREIS

FACHBEGRIFFE

Hier findest du die wichtigsten Begriffe aus diesem Kapitel:

RGB-Farbmodell	Dateiformate *.jpg; *.gif; *.png	Vektorgrafik
Sensor	Helligkeit/Kontrast	Logo
Rastergrafik	Farbton/Sättigung	Klasse, Klassenkarte
Auflösung	retuschieren	Objekt, Objektkarte
Pixel	skalieren	Attribut, Attributwert
dpi, ppi, Megapixel	freistellen	Methode

Programmieren 3

Einstieg

Programmieren ist oft eine knifflige Aufgabe, macht aber auch viel Spaß!
Du hast bereits kleine Programme geplant, erstellt und immer weiter
verbessert.

▸ Beschreibe eines deiner Programme, auf das du besonders stolz bist.
▸ Erkläre, warum man Programme vorab planen muss.
▸ Nenne wichtige Bausteine, die du für deine Programme benötigt hast.
▸ Beschreibe, wie du vorgehst, wenn ein Programm nicht funktioniert.

Am Ende dieses Kapitels hast du gelernt, ...

▸ mit neuen Bausteinen zu arbeiten.
▸ wie du zusätzliche Informationen im Programm abspeichern kannst.
▸ was Klassen, Objekte, Attribute und Methoden in Scratch sind.
▸ dass es ohne gute Planung und regelmäßiges Testen nicht klappt.
▸ Ideen im Team zu besprechen und gemeinsam ein Spiel daraus zu
  erstellen.

EINSTIEG

38107-53
interaktive Datei
zum Einstieg

Abgebildet ist die Programmoberfläche der Entwicklungsumgebung Scratch.

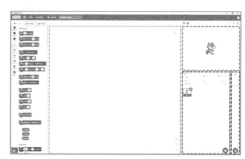

▸ Öffne das Programm Scratch und überlege, was du in den verschiedenen Bereichen tun kannst. Du kannst diese Aufgabe auch interaktiv bearbeiten. Öffne dazu die hinterlegte Datei (🖥).
▸ Nenne wichtige Anweisungen, die du bereits kennst. Erkläre ihre Funktion.

VORWISSEN

Einige Gruppen, z. B. die Gruppe *Zeichen*, müssen erst aktiviert werden. Dies geschieht über obiges Symbol. Auf der Scratch-Oberfläche ist es ganz unten links zu finden.

Anweisung und Sequenz ➥ Grundwissen Seite 96, 97

Mithilfe von **Anweisungen** kann Schritt für Schritt eine Aufgabe gelöst werden. Dazu werden die Anweisungen in der richten Reihenfolge hintereinander ausgeführt.

▸ Beispiele für Anweisungen beim Kochen:
Zutaten bereitstellen, Teig anrühren, Pfanne erhitzen, Pfannkuchen braten, servieren

In Scratch werden die Anweisungen als farbige Blöcke angezeigt. Sie können der ausgewählten Figur einzeln aufgetragen und aneinandergereiht werden. Mehrere Anweisungen hintereinander bezeichnet man als **Sequenz**. Die Anweisungen sind in **Gruppen** mit verschiedenen Farben sortiert.
Ein **Flussdiagramm** ist ein Plan für die Erstellung eines Programmes. Im Flussdiagramm werden die Bausteine in der richtigen Reihenfolge mit Pfeilen verbunden.

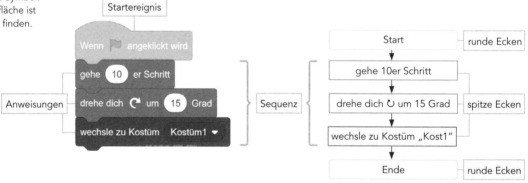

A1 Anweisungen und Sequenzen verwenden 🖥

1. Öffne das Programm Scratch.

    a) Erstelle eine Sequenz, welche die Katze bewegt, ihr Aussehen verändert und ein Geräusch macht.
    b) Erweitere dein Programm um eine Wiederholung.
    c) Baue dein Programm so aus, dass es Linien auf die Bühne zeichnet.
    d) Stelle dein Programm einem Partner oder einer Partnerin vor. 👥

Mit Wiederholungen können einzelne Anweisungen oder Sequenzen mehrfach ausgeführt werden.

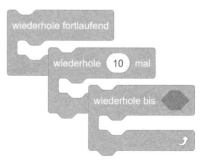

2. Ändere das Startereignis so, dass die Sequenz beim Drücken der Leertaste ausgeführt wird.

Figuren ➥ Grundwissen Seite 96, 97

Als erste **Figur** wird immer eine Katze angezeigt. Oft braucht man mehrere Figuren, welche **unterschiedliche Aufgaben** in einem Programm übernehmen. Dazu können weitere Figuren ausgewählt und hinzugefügt werden.

Mit Figuren wird ein Programm lebendiger.

A2 Figuren anlegen 🖥

1. Schau dich im Figurenkatalog von Scratch um und suche einige Figuren heraus.
   a) Füge in ein Programm drei Figuren ein, welche gut zusammenpassen.
   b) Stelle deine Figuren einem Partner oder einer Partnerin vor. 👥
2. Male selbst eine Figur und gib ihr mehrere Anweisungen, sodass sie sich auf der Bühne bewegt.
3. Stelle deine Figur deiner Klasse vor und wählt gemeinsam die besten Figuren aus. 👥

Bühnenhintergründe ➥ Grundwissen Seite 97

Die **Bühne** ist am Anfang immer weiß. Es kann jedoch ein passender **Hintergrund** gewählt werden. Es ist auch möglich, dass die Bühne eine Aufgabe übernimmt und Anweisungen bekommt.

A3 Hintergründe verwenden 🖥

1. Schau dich im Bühnenkatalog von Scratch um und wähle einen tollen Hintergrund aus.
2. Erstelle ein Programm mit einem Hintergrund und zwei passenden Figuren.
3. Stelle dein Programm kurz deiner Klasse vor. 👥
4. Suche im Internet ein lizenzfreies Bild, speichere es auf dem Computer und füge es als Hintergrund in dein Programm ein.

Erinnere dich daran, was du bereits über Internetsuche und Lizenzen weißt.

In vielen Computerspielen sind zahlreiche Figuren enthalten, die miteinander oder gegeneinander spielen. Auch in Scratch kann man beliebig viele Figuren einfügen und programmieren.

▸ Öffne das Programm Scratch. Füge zwei verschiedene Figuren ein.

▸ Nenne wichtige Anweisungen, die die beiden Figuren ausführen können.

Was sind Klassen? Was sind Objekte?

Eine **Klasse** ist ein allgemeiner Bauplan. Mit diesem Bauplan kann man unterschiedliche **Objekte**, z. B. für ein Spiel, erstellen. Gehören Objekte der gleichen Klasse an, haben sie viele Gemeinsamkeiten (**Attribute**). Die Objeke unterscheiden sich durch ihre **Attributwerte**. Zum Beispiel kann das Attribut Farbe für unterschiedliche Objekte der gleichen Klasse verschiedene Farbwerte annehmen.

Attribut	Attributwert
Größe:	100
unveränderbar	änderbar

Während in einem Vektorgrafikprogramm (➔ Kapitel 2) vornehmlich geometrische Formen wie RECHTECK, ELLIPSE und VIELECKE als Klassen zur Verfügung stehen, können in Scratch FIGUR und BUEHNE als Klassen angesehen werden.

In den Klassenkarten gibt es drei Bereiche: **Klassenname**, **Attribute** und **Methoden**.

	RECHTECK
	Länge
	Breite
	Linienfarbe
	Füllfarbe
	…
	LängeSetzen( )
	BreiteSetzen( )
	…

Klassenkarte für ein Vektorgrafikprogramm

	BUEHNE	FIGUR	Ben : FIGUR	
Klassenname				Name: KLASSE
Attribute	Bühnenbild …	Größe Richtung Kostüm …	Größe: 100 Richtung: 90 Position-x: 0 Position-y: 0 Kostüm: ben-a	Attribute: Gespeicherte Attributwerte
Methoden	WechsleZuBühnenbild( ) ÄndereEffektFarbeUm( ) …	DreheDich↺UmGrad( ) WechsleZuKostüm( ) …	…	

Klassenkarten für Scratch   Objektkarte für Ben

Jedes Objekt hat einen Namen. Mithilfe des Namens kann ein Objekt direkt angesprochen werden und Anweisungen bekommen. Für jedes Objekt kann eine **Objektkarte** (ähnlich wie ein Ausweis) erstellt werden. Neben dem Objektnamen, der Klasse und den Attributen sind hier auch die **Attributwerte** enthalten.

A1 Objekte und Klassen richtig zuordnen

1. Ordne die Beschreibung den passenden Objekten zu.

   A Objekt der Klasse RECHTECK in einem Vektorgrafikprogramm

   B Objekt der Klasse FIGUR in Scratch

   C Objekt der Klasse BUEHNE in Scratch

2. Finde passende Namen für die abgebildeten Objekte.

Wie hängen Attribute und Attributwerte zusammen?

Eine Klasse legt fest, welche **Attribute** jedem Objekt dieser Klasse mitgegeben werden. Zwei verschiedene Objekte der gleichen Klasse unterscheiden sich durch ihre **Attributwerte**.

Beispiele:

▸ Ein Rechteck in einem Vektorgrafikprogramm speichert seine Länge und Breite in zwei Attributen.

▸ Eine Figur in Scratch benötigt ein Attribut Kostüm, um ihr aktuelles Kostüm zu speichern und um es wechseln zu können.

RECHTECK
Länge
Breite
Linienfarbe
Füllfarbe
...
LängeSetzen( )
BreiteSetzen( )
...

Attribute speichern zusätzliche Informationen.

A2 Figuren anlegen 🖥

Öffne die hinterlegte Datei 32_A2_Attribute.sb3.

1. Ändere die Werte der Attribute Größe und Richtung in den Eigenschaftswerten unter der Bühne.
2. Vergib einen eindeutigen Namen für alle Objekte.
3. Erstelle zu einer der Figuren eine Objektkarte.

38107-54
Scratch-Datei zu A2

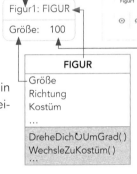

Was kann man mit Methoden machen?

Damit sich Objekte bewegen und verändern können, sind in einer Klasse **Methoden** festgelegt. Methoden können gespeicherte Attributwerte verändern.

▸ Beispiel: Wird im Attribut Richtung die gespeicherte Zahl 90 durch 180 getauscht, dreht sich die Figur.

FIGUR
Größe
Richtung
Kostüm
...
DreheDich↺UmGrad( )
WechsleZuKostüm( )
...

Methoden sind Anweisungen, welche alle Objekte einer Klasse ausführen können.

A3 Methoden festlegen und verwenden

1. Nenne Methoden, mit denen die Position eines Objekts verändert werden kann.
2. Nenne weitere Methoden in Scratch.
3. Erkläre, warum ein Objekt der Klasse BUEHNE die abgebildeten Methoden nicht ausführen kann. 🖥

MERKE

AUFGABEN

1 Erinnere dich: Die Objektorientierung kann auch auf Bereiche des Alltags angewandt werden. Gib Attribute und Methoden für die Klasse an und erstelle eine Klassenkarte.

a) AUTO   b) MENSCH   c) HAUSTIER

2 Öffne die hinterlegte Datei 32_Aufg2_Bewegung.sb3. Bewege die beiden Objekte so, dass sie am Ende ihre Positionen getauscht haben. 🖥

38107-55
Scratch-Datei zu Aufgabe 2

3 Legt in der Klasse wichtige Methoden für Spielfiguren fest. Ruft euch gegenseitig in einem Rollenspiel mit Namen auf und gebt euch eine oder mehrere Methoden zum Ausführen. 👥👥

Martin sieht, dass Laura ihre Pausenbox vergessen hat und ruft ihr schnell hinterher: „Stopp!" Vier Mitschülerinnen und Mitschüler von Martin bleiben stehen, aber Laura leider nicht.

▸ Beschreibe, warum Laura nicht reagiert.
▸ Überlege, was Martin besser hätte rufen sollen.
▸ Erkläre, zu welchem Objekt die dargestellten Methoden am besten passen.

Objekte mithilfe von Methoden bewegen

Objekte können mit Methoden bewegt werden. In Scratch sind diese Methoden blau gefärbt. Viele dieser Methoden sind bereits bekannt.

▸ Beispiel:

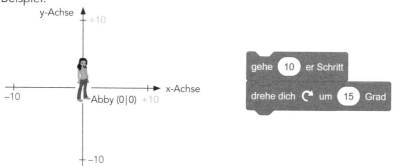

38107-56
Scratch-Dateien zu dieser Doppelseite: A1, A2, Aufgabe 1, 2, 4

Die Bühne ist wie ein **Koordinatensystem** aus dem Mathematikunterricht aufgebaut. In der Mitte ist der Punkt (0|0).

Mit den rechts gezeigten Methoden können die Attributwerte für die Position verändert werden.

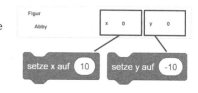

Die Position einer Figur wird in zwei Attributen gespeichert.

A1 Position von Objekten verändern 🖥

Öffne die hinterlegte Datei 33_A1_Koordinaten.sb3. Bewege Abby auf die angegebenen Positionen.

1. X-Wert: 25; Y-Wert: –30
2. X-Wert: –117; Y-Wert: 55
3. X-Wert: 93; Y-Wert: 0
4. X-Wert: –25; Y-Wert: –73

Objekte mithilfe von Methoden verändern

Objekte haben Attribute, die Informationen für das Aussehen speichern. Jedes Objekt hat die Attribute Farbe und Kostüm. Um die entsprechenden Attributwerte zu ändern, gibt es passende Methoden.

Mit der Änderung von Attributwerten ändern sich die Objekte.

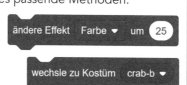

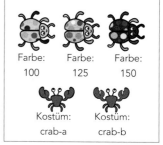

A2 Attribute mit Methoden verändern _____

1. Beschreibe, wie der Käfer auf der vorherigen Seite seine Farbe verändert.
2. Öffne die hinterlegte Datei 33_A2_Attributwerte.sb3. 🖵
   a) Beim Start des Programmes soll ein Objekt sein Kostüm und das andere
      Objekt seine Farbe ändern. Erweitere das Programm.
   b) Vergleiche dein Ergebnis mit dem eines Partners oder einer Partnerin. 👥
   c) Führe die abgebildeten Methoden für ein Objekt aus. Beschreibe und erkläre
      die Unterschiede.

Mit **Methoden** können Attributwerte geändert werden. Dadurch **bewegen** sich
Objekte oder **verändern ihr Aussehen**. Man muss genau darauf achten, welches
Objekt die Methoden ausführt.

MERKE

1 Erkläre, in welchem Bereich Crab nach der Ausführung der Methoden steht. Gib
ausgehend vom Punkt (0|0) auch Beispiele für die anderen beiden Bereiche an.
Prüfe dein Ergebnis mit der hinterlegten Datei 33_Aufg1_Methoden.sb3. 🖵

AUFGABEN

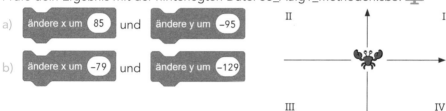

2 Erkläre, welche der abgebildeten Methoden Objekte bewegen und welche
ihr Aussehen verändern. Du kannst dazu die hinterlegte Datei
33_Aufg2_Methoden.sb3 öffnen (🖵).

3 Gib an, mit welcher Methode ein Objekt in Scratch seine Größe ändern kann
und wo du den geänderten Attributwert siehst.

4 Öffne die hinterlegte Datei 33_Aufg4_Methoden.sb3. Abby bewegt sich auf der
Bühne und hinterlässt dabei eine blaue Spur. 🖵
   a) Implementiere ein Programm, mit dem du Abby mithilfe der Pfeiltasten
      steuern kannst. Versuche ihren abgebildeten Weg nachzulaufen.

   b) Stelle dein Programm in der Klasse vor. Vergleicht eure Ergebnisse mit der
      Spur von Abby im Buch. 👥

EINSTIEG

Madeleine und Emil möchten ein Spiel mit möglichst vielen Objekten in Scratch erstellen. Madeleine hat bereits vorgearbeitet und einige Objekte angelegt. Als Emil die Scratch-Datei öffnet, kennt er sich gar nicht aus und kann nicht weiterarbeiten.

▸ Überlege, warum Emil Probleme hat.
▸ Erkläre Madeleine, wie sie Emil helfen könnte.
▸ Beschreibe, was die Objekte im Spiel tun könnten.

ERARBEITUNG

Zusammenarbeit mit Plan

Möchte man ein umfangreicheres Programm entwickeln, an dem vielleicht auch mehrere Personen arbeiten, ist eine genaue Planung sehr wichtig. Das **Flussdiagramm** ist ein gutes Mittel, um dabei anschaulich und strukturiert vorzugehen (➥ 3.1).

Im Flussdiagramm haben Start und Ende runde Ecken, Methoden haben spitze Ecken. Die Pfeile geben die Reihenfolge an.

A1 Flussdiagramme erstellen und analysieren

1. Betrachte das obige Flussdiagramm genau.
   a) Beschreibe, was das zugehörige Programm macht.
   b) Gib diejenigen Bestandteile des Flussdiagramms an, die im Programm Methoden sind.
2. Madeleine hat versucht, ein Flussdiagramm für das Objekt Apfel zu erstellen. Leider hat sie damit noch einige Probleme. Finde die Fehler und erkläre ihr, was sie falsch gemacht hat.

Bedingungen im Flussdiagramm

Im Flussdiagramm erkennt man eine Bedingung an einer **Verzweigung**. Diese beginnt mit einer Raute, in der eine Frage steht. Wird diese Frage mit **ja** beantwortet, läuft das Programm im linken Teil des Flussdiagramms weiter. Die Methode wird nur ausgeführt, wenn die Bedingung erfüllt ist.

Wenn die Bedingung nicht erfüllt ist, führt das nicht automatisch zum Ende. Nach der Bedingung können weitere Anweisungen folgen.

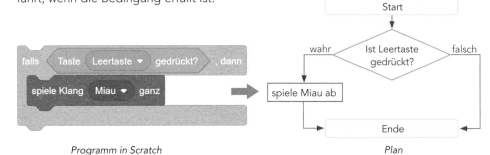

Programm in Scratch　　　　*Plan*

A2 Flussdiagramme verstehen

Der Hund kann mit den Pfeiltasten nach links und rechts gesteuert werden.

1. Erkläre einem Partner oder einer Partnerin den Programmablauf.
2. Erstelle anhand des Flussdiagramms ein Programm in Scratch. Öffne dazu die hinterlegte Datei 34_A2_Bedingung.sb3.
3. Ändere dein Programm so ab, dass immer ein Wuff zu hören ist, egal ob die Figur den Rand berührt oder nicht.

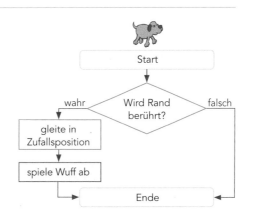

38107-57
Scratch-Datei zu A2

Alternativen im Flussdiagramm

Die **bedingte Alternative** ist eine Erweiterung der Bedingung und wird ebenfalls mit einer **Verzweigung** im Flussdiagramm gekennzeichnet. Trifft die Bedingung nicht zu, wird die Alternativmethode ausgeführt.

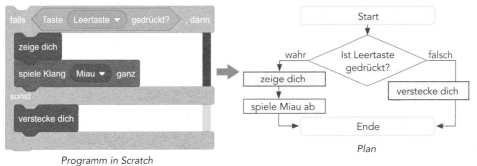

Programm in Scratch

Plan

Alternativen erkennt man an der Raute mit Anweisungen auf beiden Wegen.

A3 Flussdiagramme zeichnen

1. Erstelle ein Flussdiagramm für ein Objekt Ritter. Wenn der Ritter einen Drachen berührt, soll er sagen: „Angriff!", ansonsten geht er zur Position (20|40).
2. Tausche dein Flussdiagramm mit einem Partner oder einer Partnerin. Verstehst du das Programm? Verbessere Unklarheiten.

Bedingte Anweisungen und **Alternativen** erkennt man im Flussdiagramm anhand einer Verzweigung. Eine Verzweigung wird mit einer **Raute** dargestellt.

MERKE

1 Erstelle ein Cluster zum Thema Flussdiagramm und trage die wichtigsten Informationen ein.

AUFGABEN

Ein Cluster ist eine Sammlung von Ideen, die über Linien miteinander verbunden sind.

2 Öffne die hinterlegte Datei 34_Aufg2_Flussdiagramm.sb3. Das Objekt Igel soll Nahrung suchen.

a) Plane für das Objekt Igel ein Programm mit mindestens vier Methoden.
b) Tausche deinen Plan mit dem eines Partners oder einer Partnerin und erstelle das Programm. Beschreibe mit eigenen Worten, was es macht.

38107-58
Scratch-Datei zu Aufgabe 2

Maria möchte in Scratch ein Pony-Objekt erstellen, welches abwechselnd springt und einen Ton von sich gibt, bis es angeklickt wird. Sie will zunächst ein Flussdiagramm zeichnen.

▸ Beschreibe, warum das umständlich werden könnte.
▸ Überlege, wie du die Wiederholungen im Flussdiagramm zeichnest.

38107-59
Scratch- und Textdateien zu dieser Doppelseite: A2, A3, Aufgabe 1

Wiederholung: mit fester Anzahl und fortlaufend

Durch eine **Wiederholung** wird das Programm kürzer und leichter zu verstehen. Die **Wiederholung mit fester Anzahl** und die **fortlaufende Wiederholung** kennzeichnet man im Flussdiagramm sehr ähnlich: zwei Trapeze werden mit einem **Rückwärtspfeil** verbunden. Das obere Trapez zeigt, um welche Wiederholung es sich handelt.

Die fortlaufende Wiederholung endet niemals.

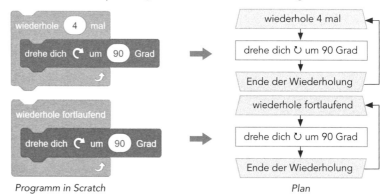

Programm in Scratch   *Plan*

A1 Fortlaufend oder mit fester Anzahl: Wiederholungen skizzieren

1. Erkläre anhand der obigen Programme den Unterschied zwischen einer fortlaufenden Wiederholung und einer Wiederholung mit fester Anzahl, und woran man dies im Flussdiagramm erkennt.
2. Erstelle ein Flussdiagramm zum nebenstehenden Programm. Überlege, was du ändern musst, wenn die Wiederholung nur fünfmal ausgeführt werden soll.

Bedingte Wiederholung

Auch schon bekannt ist die **bedingte Wiederholung**. Man erkennt sie am **Rückwärtspfeil**, der beim Ablauf immer wieder vor die zu prüfende Bedingung zurückspringt.

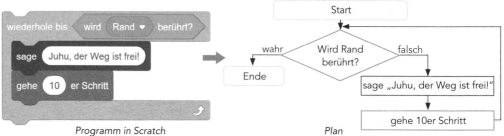

Programm in Scratch   *Plan*

A2 Bedingte Wiederholung skizzieren

Öffne die hinterlegte Datei 35_A2_Wiederholung.sb3. Ein Hase jagt einen Igel. Der Hase kann an eine Zufallsposition springen. Wenn der Hase den Igel erwischt, sagt er „Hallo".

1. Skizziere ein Flussdiagramm zum Programm. Du kannst diese Aufgabe interaktiv bearbeiten. Öffne dazu die hinterlegte Datei.
2. Vergleiche dein Flussdiagramm mit dem eines Partners oder einer Partnerin.

38107-60
interaktive Datei zu A2

Schachtelung

Bei einer **Schachtelung** werden Wiederholungen, bedingte Anweisungen und/oder Alternativen **ineinander gepackt**. Schachtelungen sind schwierige Stellen im Programm und im Flussdiagramm. Sie erfordern daher besondere Sorgfalt.

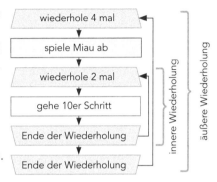

A3 Mit Schachtelungen umgehen

1. a) Untersuche nebenstehendes Flussdiagramm. Beschreibe, was das Programm macht.
   b) Öffne die hinterlegte Datei 35_A3_Schachtelung.sb3. Überprüfe, ob du mit deiner Analyse des Flussdiagramms richtig liegst.
2. Erkläre, was eine Schachtelung so schwierig macht.

> **MERKE**
>
> Im Flussdiagramm erkennt man **Wiederholungen** an einem **Rückwärtspfeil**, der auf eine Stelle zeigt, welche bereits ausgeführt wurde. Wiederholungen, bedingte Anweisungen und/oder Alternativen kann man ineinander **schachteln**.

AUFGABEN

1 Erstelle ein Flussdiagramm zum Plan des Ritters. Setze eine Wiederholung mit fester Anzahl ein. Du kannst die hinterlegten Formen ausschneiden und verwenden ().

Ich gehe 50 Schritte vor, dann brülle ich 3 mal und drehe mich nach links.

2 Julia hat ein Flussdiagramm für das Objekt Ben gezeichnet. Ben soll vor jedem Schritt prüfen, ob der Rand berührt wird und nur dann gehen und etwas sagen.

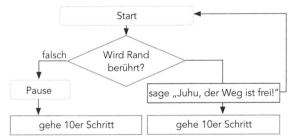

a) Finde alle sieben Fehler und verbessere sie.
b) Analysiere, wo typische Fehler zwischen Code und Flussdiagramm passieren.

Denke dabei auch an Julias Fehler.

3 Überlege, ob nach einer fortlaufenden Wiederholung Methoden möglich sind.

Max muss seine Spielfigur durch verschiedene gefährliche Welten führen. Für den ersten Platz muss man die meisten goldenen Sterne auf dem Weg sammeln.

▸ Was macht dieses Spiel spannend?
▸ Erkläre, welche Daten für jedes Level gespeichert werden müssen, damit ein Wettkampf entsteht.

Bestenliste
Der verlorene Fabio V. 1.3

87 Sterne: Johanna
84 Sterne: Papa
83 Sterne: Max
81 Sterne: Mama

Was ist eine Variable?

Variablen kennt man schon aus der Grundschule als Platzhalter. Sie tauchen auch jetzt im Mathematikunterricht auf, z. B. bei Formeln wie $A_{Rechteck} = a \cdot b$ oder Gleichungen wie $17 = 3x$. Auch in der Informatik sind Variablen Platzhalter für einen Wert. Für die Objekte der Klasse MENSCH kann das Attribut Körpergröße verschiedene Werte haben. Das Attribut Körpergröße ist somit eine Variable (Platzhalter).

A1 Variablen und Werte erkennen und bestimmen _____

1. Nenne deinen Wert für die Variable Körpergröße. Sammelt die Werte in der Klasse.
2. Nenne passende Werte für die Variable T-Shirt-Farbe.
3. Finde weitere Variablen und nenne je drei passende Werte.

Wie erzeugt man in Scratch eine Variable?

Mithilfe von **Variablen** kann man z. B. gesammelte Punkte in ein Programm einbauen. In Scratch befinden sich alle Methoden für Variablen in der orangenen Bausteingruppe. Über die Schaltfläche *Neue Variable* können weitere Variablen erstellt werden. Dafür ist ein **Variablenname** notwendig und man muss entscheiden, ob nur die aktuelle Figur oder alle Figuren die Variable verwenden können.

Variablen speichern Informationen.

38107-61
Scratch-Datei zu A2

A2 Variablen anlegen 🖥 _____

Öffne die hinterlegte Datei 36_A2_Variablen.sb3. Darin sind drei Figuren enthalten.

1. Lege je eine Variable nur für die jeweilige Figur an. Überlege dir dafür sinnvolle Namen.
2. Lege eine Variable für alle Figuren gemeinsam an. Finde einen passenden Namen.
3. Verändere die Sichtbarkeit der Variablen auf der Bühne.

Daten in Variablen speichern

Nachdem eine Variable angelegt wurde, hat sie automatisch den **Wert 0** gespeichert. Mit den orangenen Bausteinen, kann man den gespeicherten Wert durch einen neuen **Wert überschreiben**.

Es gibt verschiedenen **Datentypen**, z. B. String, Integer oder Double. Der Wert der Variable kann ein Text (String), eine natürliche Zahl (Integer) oder eine **rationale Zahl (Double)** sein.

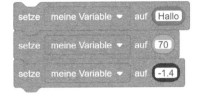

Es ist auch möglich, die gespeicherte Zahl direkt mit einer weiteren Zahl zu **addieren**. Außerdem können Variablen in vielen anderen Methoden verwendet werden.

Variablen kann man z. B. aussprechen lassen.

A3 Mit Variablen arbeiten

1. Ordne folgenden Werten den passenden Datentyp zu.
   a) Informatik   b) 911   c) #YOLO   d) #187   e) 0.123

2. Betrachte das abgebildete Programm genau.
   a) Beschreibe, welchen Wert die Variable *Restliche Leben* nach jeder Methode hat.
   b) Finde einen groben Fehler im Programm.
   c) Erstelle ein Scratch-Programm und führe die Methoden einzeln der Reihe nach aus. 🖥

Variablen werden mit orangenen Methoden verändert und verwendet.

Nur Zahlen können addiert werden.

> Eine **Variable** wird verwendet, um zusätzliche Informationen zu speichern. Dafür braucht eine Variable einen **Namen** und einen **Wert**. Der Wert kann eine **Zahl** (**Datentyp Integer** oder **Datentyp Double**) oder **Text** (**Datentyp String**) sein und wird mit orangenen Methoden **verändert** oder **verwendet**.

MERKE

AUFGABEN

1 Lilly plant ein Scratch-Programm mit zwei Figuren, die ein Team bilden und gemeinsam Punkte sammeln. Jede Figur hat drei Leben.
   a) Überlege, welche Variablen benötigt werden und findet passende Namen.
   b) Erkläre, ob die Variablen nur für eine oder für alle Figuren freigeschaltet werden müssen.

2 Öffne die hinterlegte Datei 36_Aufg2_Variablen.sb3. Du siehts darin Max Spiel aus dem Einstieg und sollst ein weiteres Level programmieren. 🖥
   a) Lege eine Variable *Sterne* an, welche beim Programmstart den Wert 0 hat.
   b) Die Sterne prüfen ständig, ob sie vom Mauszeiger berührt werden. Bei Berührung verstecken sie sich und addieren zur Variable *Sterne* die Zahl 1.

38107-62
Scratch-Datei zu Aufgabe 2

3 Implementiere ein Programm mit einem Objekt, das ... 🖥
   a) den Wert der Variable *Klicks* um 1 erhöht, wenn es angeklickt wird.
   b) in zufälliger Größe für kurze Zeit erscheint und dann wieder verschwindet. Es muss angeklickt werden und je kleiner das Objekt ist, desto mehr Punkte bekommt man dafür.

Tipp: Sieh dich in der grünen Bausteingruppe nach Vergleichsmöglichkeiten und Zufallszahlen um.

Sicher hast du schon einmal gespannt auf ein neues Computerspiel gewartet. Einige Zeit bevor du das Spiel kaufen kannst, veröffentlicht das **Entwicklungsstudio** erste Videos und Bilder, um das Interesse am Spiel zu fördern.

In einem Entwicklungsstudio arbeiten viele **Experten** und **Expertinnen** zusammen, damit das Spiel richtig gut wird:

▸ Programmierer und Programmiererinnen → Funktionen des Spiels

▸ Grafikdesigner und Grafikdesignerinnen → Bilder

▸ Soundexperten und Soundexpertinnen → passende Musik

Regelmäßige Treffen und genaue **Absprachen** sind wichtig, damit alle Beteiligten ihren Beitrag leisten können. Man nennt diese Art der Zusammenarbeit auch **Projektarbeit**.

Ein Projekt durchführen: Sternesammeln im Labyrinth

Erstellt als Team eines modernen Entwicklungsstudios ein eigenes Computerspiel mit mehreren Objekten, schönen Grafiken und passender Musik. Jedes Team erstellt ein eigenes Level für dieses Computerspiel.

1. Gestaltet einen passenden Hintergrund, auf dem die Figuren sich bewegen können.

2. Erstellt Objekte, welche als Mauer die Wege blockieren und somit ein Labyrinth für die Figuren ergeben.

3. Gestaltet die Spielfigur *Jäger*, welche der Spieler oder die Spielerin mit den Pfeiltasten steuern können soll. Wenn der Jäger eine Blickrichtung hat, soll er dabei auch in die passende Richtung schauen.

4. Platziert Sterne, welche eingesammelt werden müssen und bei Berührung durch den *Jäger* verschwinden. Sobald der *Jäger* alle Sterne gefunden hat, soll der Punktestand mit der Nachricht „Spiel gewonnen!" angezeigt werden.

5. Erstellt Gegner (z. B. Steine, Spinnen oder Geister), die nur einen kleinen Bereich des Spiels bewachen. Sie bewegen sich immer nur einige Schritte in eine Richtung und dann einige Schritte zurück. Diese Bewegung wiederholen sie während des gesamten Spiels. Wenn der *Jäger* von einem Gegner berührt wird, hat der Spieler das Spiel verloren und bekommt seinen Punktestand mit der Nachricht „Spiel verloren!" angezeigt.

6. Verwendet Musik, damit das Spiel noch spannender wird. Sucht dazu passende, lizenzfreie Musik aus.

7. Gestaltet eine Anfangsbühne, welche zu Beginn des Spiels angezeigt wird und die Namen aller beteiligten Personen enthält.

8. Stellt eure Ergebnisse in der Klasse vor und testet gegenseitig eure Spiele.

Die Erstellung eines Computerspiels läuft schrittweise in mehreren Phasen ab.

Das Projekt läuft in fünf Phasen ab. Manche Phasen können bei Bedarf wiederholt werden.

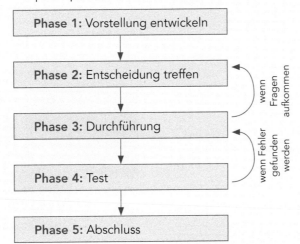

Bevor sich alle Experten und Expertinnen zum ersten Mal in großer Runde treffen, müssen alle verstanden haben, wie das Spiel grob aussehen soll. Alle sollen dazu erst einmal eigene Ideen sammeln. Erst dann findet ein großes Treffen statt. Jetzt kann jedes Gruppenmitglied seine Ideen einbringen und es werden viele Entscheidungen getroffen.

Danach werden die Aufgaben verteilt und mit der Erstellung des Spiels begonnen. Wenn Fragen aufkommen, trifft man sich erneut in großer Runde, um sie zu klären. Nach der Durchführung muss das Spiel ausführlich getestet und gegebenenfalls noch verbessert werden. Erst nach mehrfachen Tests kann das Spiel der Klasse präsentiert werden.

PHASE 1

Vorstellung entwickeln

Ganz am Anfang muss jede beteiligte Person eine eigene Vorstellung vom Spiel entwickeln. Dazu ist es hilfreich, wenn möglichst früh gemeinsam eine Mindmap erstellt wird. Mit der Mindmap sind dann wichtige Fakten über das Spiel übersichtlich für alle Projektmitglieder sichtbar.

▸ Überlegungen machen
▸ Ideen sammeln
▸ Vorstellung entwickeln

Anschließend können alle Projektmitglieder Ideen sammeln, z.B. im Internet, und dabei ansprechende Details auf einen Notizzettel festhalten. Dabei sollten folgende Fragen beantwortet werden:

▸ Welcher Hintergrund passt gut?
▸ Wie viele Figuren (Gegner, Sterne und Wände) sollen verwendet werden?
▸ Wie sollen die Figuren (Gegner, Sterne, Wände und der Jäger) aussehen?
▸ Welche Art von Musik passt gut?

PHASE 2

▸ Aus vielen Plänen wird
ein gemeinsamer Plan.

38107-63
Vorlage für das Projekt

Entscheidungen treffen

Bevor Entscheidungen getroffen werden, darf jedes Projektmitglied seine Ideen einbringen. Auf Zetteln können die Ideen in die Mitte gelegt werden. Nachdem alle zu Wort gekommen sind, entscheidet ihr euch gemeinsam für eine Umsetzung. Wenn ihr möchtet, könnt ihr auch die hinterlegte Scratch-Vorlage verwenden.

▸ **Welcher Hintergrund passt gut?**
Wüste, Weltraum oder Unterwasser?

▸ **Wie soll das Labyrinth aussehen?**
Viele oder wenige Irrwege?

▸ **Wie viele Figuren (Gegner, Sterne und Wände) sollen verwendet werden?**
Viele Sterne oder wenige Sterne? Breite oder schmale Wege?

▸ **Wie sollen die Figuren (Gegner, Sterne, Wände und der Jäger) aussehen?**
Welche Entwürfe passen am besten?

▸ **Werden Figuren selbst gemalt oder aus dem Figurenkatalog verwendet?**
Welche Vorlagen werden verwendet? Wer malt am besten?

▸ **Was muss jede Figur machen?**
Bewegen, etwas überprüfen oder sich einfach nur verstecken?

▸ **Welche Art von Musik würde gut passen?**
Ruhige, klassische oder aufregende Musik?

Am Ende dieser Phasen zerlegt ihr die gesamte Aufgabe in kleine Teilaufgaben, welche dann einzeln gut bearbeitet werden können. Schreibt die Teilaufgaben auf farbige Zettel und hängt sie in der Nähe eurer Projektgruppe auf.

PHASE 3

▸ Der Plan wird umgesetzt.

Tipp:
Am Anfang müsst ihr erst die Figuren, Hintergründe und Mauern auswählen. Anschließend könnt ihr die Objekte programmieren und ihnen Aufgaben geben.

Durchführung

Die Durchführung beginnt damit, dass ihr gemeinsam eure Objekte plant und für jedes Objekt ein Flussdiagramm erstellt und benötigte Variablen festlegt.

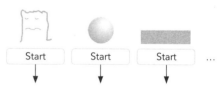

Nun könnt ihr die Aufgaben verteilen, indem ihr eure Namen auf den farbigen Zetteln ergänzt. Achtet darauf, dass ihr die Aufgaben gleichmäßig verteilt.

Sobald bei einem Projektmitglied neue Fragen aufgekommen, trefft ihr euch zu einem Teammeeting und klärt die Fragen gemeinsam.

Tipps

Wenn du nicht weiterkommst, besprich dich mit deinem Team und sieh dir im Buch nochmal die einzelnen Seiten zur Programmierung an. Auch die hier gezeigten Bausteine können dir weiterhelfen.

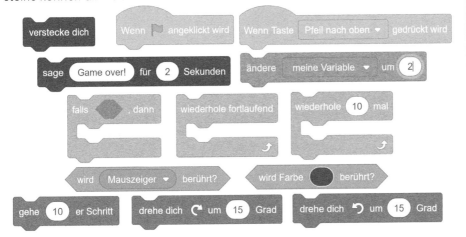

Tests

PHASE 4

Regelmäßige Tests sind wichtig. Am Ende der Durchführungsphase kommt ein gründlicher Test. Die ganze Gruppe spielt das Spiel und sucht dabei nach Fehlern. Dies muss solange wiederholt werden, bis das Spiel gut läuft und keine Fehler mehr gefunden werden.

Gerade wenn etwas Besonderes passieren soll, klappt oft etwas nicht, es geschieht zu spät oder nicht auf die gewünschte Weise. Aus diesem Grund lohnt es sich, gerade solche Situationen im Spiel absichtlich zu provozieren und zu testen.

▸ Das Spiel wird mehrfach gründlich getestet.

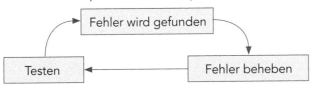

Abschluss

PHASE 5

Wenn ihr euer Projekt abgeschlossen habt und das Spiel fertig programmiert und gründlich getestet wurde, dann dürft ihr es stolz präsentieren. Dabei soll jedes Projektmitglied seine Aufgaben kurz vorstellen. Anschließend könnt ihr euer Spiel der Klasse live zeigen und auf besonders gut gelungene Stellen eingehen.

Am Ende sollte die ganze Klasse die Spiele der anderen Teams probieren.

▸ Das Team stellt sein Ergebnis vor.

DAS SPIEL

Zusammen mit einem Freund oder einer Freundin hast du dir in den Ferien vorgenommen, ein eigenes Computerspiel zu erstellen. Ihr habt im Internet recherchiert und ein spannendes Spiel gefunden, welches ihr in Scratch programmieren wollt. In einem Forum hat Hannah einen Beitrag geschrieben und das Spiel genau vorgestellt.

> *Die Apfeljagd besteht aus einem Käfer und einem Apfel. Der Spieler oder die Spielerin steuert den Käfer mit den Pfeiltasten und hat 60 Sekunden Zeit, so viele Äpfel wie möglich zu sammeln. Wenn der Käfer einen Apfel berührt, dann springt dieser zu einer neuen Zufallsposition und die Anzahl der Äpfel wird um 1 erhöht. Die gesammelten Äpfel und die verbleibende Zeit werden oben rechts angezeigt. Am Ende wird die Anzahl an gesammelten Äpfeln ausgegeben.*
>
> *Durch einen Klick auf die Fahne kann das Spiel erneut begonnen werden.*
>
> *Die Schwierigkeit kann man durch die Größe der Objekte, die Laufgeschwindigkeit und durch die Wände festlegen.*

38107-64
Vorlage für das Projekt

Hannah hat ein Bild von ihrem Spiel ins Internet gestellt, damit man es sich leichter vorstellen kann. Wenn ihr möchtet, könnt ihr die hinterlegte Vorlage verwenden.

ABLAUF

Auf der nächsten Seite sind die einzelnen Phasen genauer erklärt. Du kannst sie als Hilfe verwenden oder nur mit den Tipps und dieser kleinen Übersicht das Spiel erstellen.

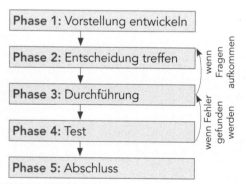

Tipps

In schwierigen Situationen kannst du dich mit deinen Mitschülern und Mitschülerinnen besprechen. Oft braucht man auch nur einen kleinen Geistesblitz. Hier findest du einige Bausteine, die dir weiterhelfen können.

Vorstellung entwickeln

Man kann nur programmieren, was man genau verstanden hat. Arbeitet die Beschreibung des Spiels so oft durch, bis ihr genau verstanden habt, wie das Spiel funktioniert. In vielen Fällen hilft dabei ein Cluster weiter.

Überlege, wie dir das Spiel gefallen würde. Dabei sollten folgende Fragen beantwortet werden:

▸ Welcher Hintergrund passt gut?
▸ Welche Art von Musik würde gut passen?

Entscheidungen treffen

Trefft gemeinsam alle nötigen Entscheidungen, damit ihr gemeinsam das Spiel umsetzen könnt und zerlegt das gesamte Spiel in gut machbare Teilaufgaben.

Durchführung

Zunächst plant ihr gemeinsam eure Objekte als Flussdiagramm. Dann verteilt ihr die Aufgaben fair.

Tests

Jedes Programm muss ausführlich getestet werden, damit sich möglichst wenige Fehler einschleichen.

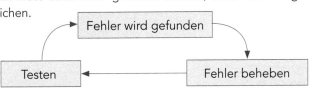

Abschluss

Wenn das Spiel fertig ist und ihr es ausführlich getestet habt, könnt ihr euer Spiel der Klasse vorstellen und zur Verfügung stellen. Legt passende Bewertungskarten bereit, damit nach dem Spielen jeder ein Feedback für euer Team abgeben kann. Häufig entstehen so tolle neue Ideen.

38107-65

Dateien
zu dieser
Doppelseite:
Aufgabe
1, 2, 4, 5, 7

1 In der objektorientierten Programmierung nutzt man spezielle Fachbegriffe.

| Klasse | Objekt | Attribut |

| Attributwert | Methode |

FIGUR
Größe
Richtung
Kostüm
…
DreheDichↃUmGrad( )
WechsleZuKostüm( )
…

a) Erkläre die o. g. Fachbegriffe anhand der abgebildeten Klassenkarte. Schreibe deine Erklärungen auf ein Blatt Papier.
b) Partnerarbeit: Tauscht eure Erklärung aus. Verbessere ungenaue Stellen.

a) Zeichne eine Objektkarte zur Klasse FIGUR. Du kannst dazu die hinterlegte Vorlage nutzen ( ).
b) Erkläre anhand deiner Objektkarte aus Teilaufgabe a) die o.g. Fachbegriffe.

2 Öffne die hinterlegte Datei 39_ÜuV_Aufg2.sb3. Markus möchte einen Dino-Zoo erstellen und hat schon viel Zeit in die Gestaltung seiner Bühne investiert. Irgendwann hat er aber die Übersicht über die Objekte verloren!

a) Analysiere das Programm genau.
b) Formuliere Tipps, wie Markus künftig den Überblick behalten kann.

a) Analysiere die Bühne und die Objekte.
b) Erstelle für ein Objekt eine Objektkarte.
c) Bewerte das Bühnenbild.

3 Methoden können Verschiedenes mit Objekten machen. Mit Operatoren (grüne Bausteine) lassen sich Berechnungen durchführen und Werte vergleichen, verbinden oder runden.

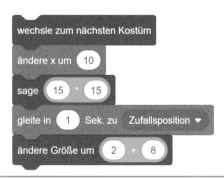

a) Beschreibe, was die grünen Operatoren bewirken.
b) Ordne die Methoden aus dem Programmcode den zwei Bereichen richtig zu.
  ① Aussehen verändern
  ② Bewegung durchführen

a) Gib anhand des Programms Beispiele für Methoden an. Bescheibe, welche Rolle die grünen Operatoren spielen.
b) Erstelle ein Programm in Scratch mit zwei Tier-Objekten. Jedes Objekt soll je eine Methode aus den Bereichen *Aussehen verändern* und *Bewegung* wiederholt durchführen.

4 Ein Objekt soll bei jeder Berührung mit dem Mauszeiger sein Kostüm wechseln. Die Programme A, B und C zeigen drei Programmentwürfe.

Programm A

Programm B

Programm C

a) Beschreibe gemeinsam mit einem Partner oder einer Partnerin, was die drei Programme beim Starten tun. Gebt die richtige Lösung an. 👥

b) Erkläre den Unterschied zwischen *Programm B* und *Programm C*.

c) Teste, ob deine Erklärungen richtig sind. Öffne dazu die hinterlegte Datei 39_ÜuV_Aufg4.sb3. 🖥

5 Betrachte die folgenden zwei Programme genau.

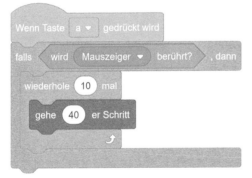

a) Beschreibe den Unterschied zwischen den beiden Programmen.

b) Erkläre, ob es sich um eine Schachtelung handelt.

c) Öffne die hinterlegte Datei 39_ÜuV_Aufg5.sb3 und teste die beiden Sequenzen damit gründlich. 🖥

6 Deine Lehrkraft stellt im Klassenzimmer Behälter mit Beschriftungen auf. Das sind deine Variablen. Finde für jede Variable einen Wert, notiere ihn auf einem Zettel und lege den Zettel in die Kiste.

7 Max möchte ein Programm erstellen, in dem eine Katze eine Maus sucht. Die Katze geht immer wieder in eine Zufallsposition, solange bis sie die Maus findet.

a) Erstelle ein Flussdiagramm.

b) Öffne die hinterlegte Datei 39_ÜuV_Aufg7.sb3 und erstelle das Programm. Überprüfe, ob alles richtig funktioniert. 🖥

c) Teste das Programm eines Partners oder einer Partnerin. 🖥👥

8 Sidney hat das abgebildete Flussdiagramm skizziert.

a) Untersuche das Programm für das Objekt Roboter und erkläre, was nach dem Start passiert.

b) Erkläre, woran du die Wiederholung im Flussdiagramm erkennen kannst.

c) Gib an, um welche Art der Wiederholung es sich handelt.

d) Erstelle das Programm in Scratch.

e) Erstelle eine Variable Punkte und erweitere das Programm. Für jede Berührung mit dem Roboter gibt es einen Punkt. 🖥

f) Begründe, für welche Wiederholung du dich in e) entschieden hast.

38107-66
Dateien zu Aufgabe 9

9 Tarek möchte ein Programm erstellen, bei dem das Objekt Fuchs alle Zahlen von 1 bis 25 für je eine Sekunde ausgibt und sich dann nach jeder Zahl, die er sagt, genauso viele Schritte vorwärts bewegt.

a) Finde alle fünf Fehler im Programm von Tarek.

b) Skizziere ein Flussdiagramm für Tarek. Diese Aufgabe kannst du auch interaktiv bearbeiten. Öffne dazu die hinterlegte Datei (🖥). Beschreibe, an welcher Stelle Tareks Programmbeschreibung ungenau ist.

c) Erstelle das Programm in Scratch und teste es. Öffne dazu die hinterlegte Datei 39_ÜuV_Aufg9.sb3. 🖥

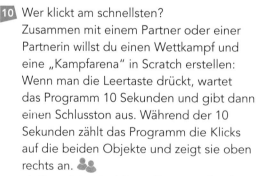

38107-67
Scratch-Datei zu Aufgabe 10

10 Wer klickt am schnellsten?

Zusammen mit einem Partner oder einer Partnerin willst du einen Wettkampf und eine „Kampfarena" in Scratch erstellen: Wenn man die Leertaste drückt, wartet das Programm 10 Sekunden und gibt dann einen Schlusston aus. Während der 10 Sekunden zählt das Programm die Klicks auf die beiden Objekte und zeigt sie oben rechts an. 👥

a) Besprich mit deinem Partner oder deiner Partnerin wichtige Funktionen des Programms.

b) Erkläre, ob die Variablen nur für das betreffende Objekt oder für alle Objekte sichtbar sein sollen.

c) Öffne die hinterlegte Datei 39_ÜuV_Aufg10.sb3 und erstelle das Programm. Baue eine geeignete Möglichkeit ein, das Spiel neu zu starten. 🖥

d) Testet euer Programm und stellt es anschließend in der Klasse vor. 🖥 👥

Du kannst je ein Flussdiagramm für die drei benötigten Objekte skizzieren, um planvoll vorzugehen.

M1 Ein Freund bekommt einen Roboter zum Geburtstag. Zusammen versucht ihr, ihn zu programmieren.

a) Erkläre, welche Methoden der Roboter benötigt, damit er sich bewegen kann.

b) Beschreibe, warum der Roboter die vorgegebenen Attribute benötigt.

c) In der Verpackung liegt eine Vorlage für eine Klassenkarte. Vervollständige die abgebildete Klassenkarte. Erkläre das Ergebnis deinem Freund.

d) Erkläre anhand der Klassenkarte den Unterschied zwischen Attributen und Methoden.

e) Betrachte die abgebildete Objektkarte. Beschreibe den Zustand des Roboters möglichst genau.

| Akkustand: |
| Status: |
| Version: |
| ... |
| ... |

Maxi : ROBOT	
Akkustand:	95
Status:	Bereit
Version:	1.04b
Motor links:	100
Motor rechts:	0
...	

➥ Unterkapitel 3.2

38107-68
Vorlage Klassenkarte
zu M1

M2 Es sind zwei leere Klassenkarten für die Klassen AUTO und COMPUTER gegeben.

Prozessor
Arbeitsspeicher   Gehäuse

Marke

Farbe

Herunterfahren( )

Gang

Motor   Hersteller
MotorAnlassen( )

a) Ordne die Attribute und Methoden den richtigen Stellen in der Klassenkarte zu. Diese Aufgabe kannst du auch interaktiv bearbeiten. Öffne dazu die hinterlegte Datei (🖥).

b) Nenne weitere Attribute und Methoden für die beiden Klassen.

c) Erstelle für ein Objekt der Klasse AUTO und für ein Objekt der Klasse COMPUTER je eine Objektkarte.

38107-69
interaktive Datei zu M2

M3 Ein Scratch-Programm soll die Position der Katze zufällig ändern und dabei eine Linie ziehen. 🖥

a) Erkläre den Zusammenhang zwischen den Positionsangaben der Katze und einem Koordinatensystem.

b) Beschreibe anhand der beiden abgebildeten Methoden, wie die Katze ihre Position verändert.

c) Öffne die hinterlegte Datei 310_M3_Position.sb3. Startet in Partnerarbeit mehrfach das Programm. Wechsle dich mit deinem Partner oder deiner Partnerin ab. Beschreibe die Veränderung und überprüft euch dabei gegenseitig. 👥

➥ Unterkapitel 3.3

38107-70
Scratch-Datei zu M3

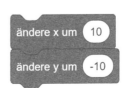

➥ Unterkapitel
3.4, 3.5

38107-71
Scratch-Datei zu M4

M4 Öffne die hinterlegte Datei 310_M4_Bewegung.sb3.
Robi steht irgendwo auf der Bühne und sieht nach
rechts. 🖵

a) Skizziere ein Flussdiagramm, das Robi zum unteren
Rand laufen lässt.
b) Erweitere dein Flussdiagramm so, dass Robi sich
in eine Ecke begibt.
c) Erkläre, ob du eine Schachtelung im Flussdiagramm benötigt hast.
d) Erstelle das Programm in Scratch und teste es.
e) Stelle dein Programm der Klasse vor und vergleicht eure Lösungen. 👥👤

➥ Unterkapitel 3.6

Erzeuge drei geeignete
Variablen und ordne ihnen die
aktuelle Zeit zu. Denke daran,
dass sich die Uhrzeit ständig
aktualisiert.

M5 Implementiere den Programmcode für eine Digitaluhr.
Es soll immer die „Uhrzeit im Moment" dargestellt sein. Wie in der Abbildung
soll sie einen orangenen Einschalter bekommen. 🖵

M6 Für ein Programm werden die folgenden Objekte geplant.

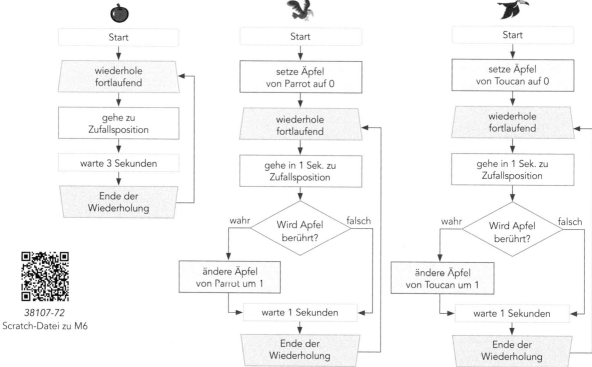

38107-72
Scratch-Datei zu M6

a) Analysiere die Flussdiagramme für die Objekte.
b) Beschreibe einem Partner oder einer Partnerin, was die Objekte tun. 👥
c) Erstelle das Programm in Scratch. Öffne dazu die hinterlegte Datei
310_M6_Apfel.sb3. 🖵
d) Stelle dein Programm in der Klasse vor. Vergleicht eure Lösungen. 👥👤 🖵

Das große Info-Quiz!

Im Kreuzworträtsel sind viele Begriffe aus diesem Kapitel versteckt. Beantworte die Fragen und trage die Lösungen an den entsprechenden Stellen im Kreuzworträtsel ein. Die grauen Felder ergeben das Lösungswort. Verwende dazu ein kariertes Blatt Papier oder öffne die hinterlegte Datei, um das Kreuzworträtsel ausfüllen zu können ().

38101-73
Kreuzworträtsel

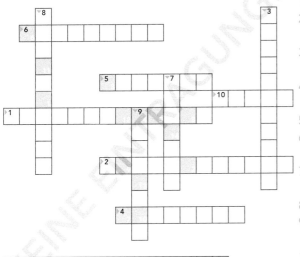

1. Mit einem … plant man Programme.
2. Damit kannst du Methoden mehrfach ausführen lassen.
3. Damit kannst du Methoden nur in bestimmten Fällen ausführen lassen.
4. Die Bausteine in Scratch werden auch … genannt.
5. Alle Figuren in Scratch sind auch … .
6. Zum Speichern von Zahlen und Texten gibt es … .
7. In Scratch gibt es die … BUEHNE und FIGUR.
8. Der Punkt (0|0) wird auch … genannt.
9. Nachdem das Programm codiert wurde, muss es ausführlich … werden.
10. Ein Attribut braucht einen Wert und einen eindeutigen … .

---

1 Beschreibe den Zusammenhang von Klassen, Objekten, Methoden und Attributen. Gehe dabei auch auf die Klassen- und Objektkarte ein.

FIGUR

2 Renato sagt: „Ohne Flussdiagramme kenne ich mich im Programm nicht aus. Gerade wenn ich mit Freunden zusammen programmiere, dann geht es gar nicht ohne." Erkläre, was er damit meint. Geht des dir ähnlich?

3 Nenne die Methoden, die du für die Lösung folgender Probleme benötigst.
a) „Die Katze läuft bei der Jagd auf die Maus viel zu oft gegen die Wand."
b) „Der Krebs möchte mehrmals drei Schritte laufen und dann eine Pause machen."
c) „Die Maus möchte sofort in ihr Mausloch (–180|–90) verschwinden."

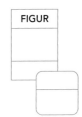

4 Marvin überlegt, ob es möglich ist, einen Countdown zu erstellen, ohne eine Variable zu benutzen. Beurteile.

Ich kann …	in Aufgabe	Hilfe
erklären, was Klassen, Objekte, Methoden und Attribute sind.	1	3.2–3.3
Programme mit mehreren Objekten als Flussdiagramm modellieren.	2	3.4–3.5
viele Methoden einsetzten, um Probleme zu lösen.	3	3.3–3.6
Variablen anlegen und richtig verwenden.	4	3.6

Objektorientierte Programmierung ➥ 3.2

Die objektorientierte Programmierung hilft dabei, Programme mit vielen Objekten übersichtlich und nachvollziehbar zu erstellen. Mithilfe von Klassen werden alle benötigten Objekte erstellt. Klassen sind Baupläne und legen Attribute und Methoden der Objekte fest.

Klassenkarte   Objektkarte

Attribute und Attributwerte ➥ 3.2

Attribute sind Speicherplätze, die jedes Objekt der Klasse besitzt. Ein Attribut braucht einen Namen und kann einen Text oder eine Zahl speichern (Attributwert).
Mithilfe bestimmter Methoden können Attributwerte verändert werden.

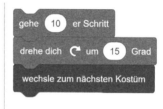

Einige Attribute und Attributwerte werden in den Eigenschaftswerten unterhalb der Bühne angezeigt.

2. Bereich einer Klassenkarte: Attribute

Methoden ➥ 3.2, 3.3

Methoden sind Anweisungen eines Programmierers für ein bestimmtes Objekt. Methoden ändern Attributwerte und können dadurch Objekte bewegen oder verändern. Jedes Objekt kann nur die Methoden verstehen, welche in der Klasse festgelegt wurden.

3. Bereich einer Klassenkarte: Methoden

Variablen ➥ 3.6

Variablen sind Speicherplätze für Texte oder Zahlen, die im Programmablauf benötigt werden. Es gibt verschiedene Datentypen, z. B. String, Integer, Double. Variablen werden mit einem Namen angelegt. Anschließend muss festgelegt werden, ob nur das aktuelle Objekt oder alle Objekte die Variable sehen und verändern können.

FACHBEGRIFFE

Hier findest du die wichtigsten Begriffe aus diesem Kapitel:

Startereignis	Objekte	Variable
Startpunkt	Klassen	Bedingung
Sequenz	Attribute	Wiederholung
Flussdiagramm	Methoden	Verschachtelung

Lösungen zu den Seiten „Am Ziel"

Lösungen zu „1.12 Am Ziel" – Seite 31

Das große Info-Quiz

L	E	L	Q	U	A	A	D	H	G	E	C	Q	F
L	K	S	L	J	X	E	J	Z	F	W	Y	G	A
A	X	G	O	E	N	Q	Z	T	A	B	B	K	K
N	R	D	V	X	R	A	S	T	C	T	E	A	E
U	T	R	A	C	K	I	N	G	E	S	R	S	-
C	C	K	C	S	Q	M	L	Q	-	G	M	Y	A
K	O	M	M	U	N	I	K	A	T	I	O	N	C
O	N	O	F	R	U	A	W	X	O	S	B	C	C
W	K	J	G	K	Y	I	E	R	-	C	B	H	O
I	Y	C	F	D	F	Z	M	Q	F	D	I	R	U
S	P	H	I	S	H	I	N	G	A	A	N	O	N
R	H	I	N	J	N	L	G	Y	C	Z	G	N	T
T	W	R	J	V	Y	F	R	H	E	O	Y	H	A
O	F	I	L	T	E	R	B	L	A	S	E	G	T

1 a) Die Aussage ist falsch. Neben der Fähigkeit des Schreibens, muss auch die des Lesens der geschriebenen Worte gegeben sein. Kodieren und Dekodieren sind Grundfähigkeiten der schriftlichen Kommunikation.

b) Die Aussage ist falsch. Ein Chat zeichnet sich gerade durch die Möglichkeit aus, sich in ein direktes Gespräch zu begeben. Die Nachrichten werden ohne wahrnehmbare Verzögerung verschickt.

2 a) Die Aussage ist richtig. In einer Echokammer befinden sich Menschen mit der gleichen Anschauung. Sie bestärken sich immer wieder neu in dieser. Andere Anschauungen und Sichtweisen finden keinen Zugang.

b) Die Aussage ist falsch. Filterblasen entstehen durch das Aufzeichnen – Tracking – des Nutzverhaltens im Internet. In den Browsereinstellungen kann dies verhindert werden.

3 Der Kreis von Tätern und Mitläufer kann beim Cyber-Mobbing nur schwer bestimmt werden. Die einmal ins Netz gestellten Beleidigungen und Diffamierungen lassen sich kaum vollständig löschen. Die Verbreitungsgeschwindigkeit und der Verbreitungsradius sind nicht kontrollierbar.

Lösungen zu „2.14 Am Ziel" – Seite 61

Das große Info-Quiz

X	Ä	Q	L	S	K	A	L	I	E	R	E	N	K	N
D	P	A	M	S	Q	F	A	R	B	T	O	N	L	Z
S	C	U	F	E	P	N	Ä	D	Z	H	P	C	A	I
U	P	I	K	N	Q	Q	C	V	B	S	A	Ä	S	Ä
Ä	F	B	X	S	W	V	G	E	M	Q	B	W	S	E
W	R	Ö	X	O	Q	Ä	W	K	Ä	F	S	N	E	V
Y	E	W	I	R	G	R	F	T	U	F	D	B	N	P
S	I	T	B	W	A	V	E	O	Y	K	O	K	K	M
E	S	E	I	Z	W	H	O	R	H	M	Ä	I	A	E
B	T	B	E	U	C	Ö	Z	G	B	L	E	Q	R	T
V	E	Y	I	S	G	N	I	R	Ö	F	L	X	T	H
U	L	W	U	S	M	J	V	A	I	O	Q	O	E	O
X	L	T	Y	S	Q	O	V	F	K	Ö	H	D	W	D
Z	E	X	X	K	X	L	X	I	X	W	M	F	Ö	E
R	N	C	L	Ä	W	Y	T	K	T	U	U	G	M	N

1   Hakans Behauptung ist falsch. Je höher die Auflösung eines Bildes ist, desto detailgetreuer ist ein Bild. Dies ist besonders wichtig, wenn man ein Bild sehr nahe heranzoomen oder groß ausdrucken möchte. Wird ein Bild mit niedriger Auflösung vergrößert, werden einzelnen Pixel sichtbar, das Bild wird unscharf und verpixelt.

2   Beschreibung der Veränderungen:
  ▸ Sie hat einen Ausschnitt gewählt und so die Burg vergrößert.
  ▸ Sie hat die Farbtöne blau, grün und gelb verstärkt.
  ▸ Sie hat die Hochspannungsleitung aus dem Bild herausretuschiert.

  mögliche Werkzeuge:
  ▸ Den Ausschnitt könnte sie mit dem Rechteckwerkzeug oder dem Freistellungswerkzeug ausgewählt haben.
  ▸ Die Farbtöne könnte sie über den Befehl „Farbton/Sättigung" oder über die Regler in der „Gradationskurve" verstärkt haben.
  ▸ Die Retusche könnte sie mit dem „Kopierstempel" ausgeführt haben.

3 ▸ Die Klasse „RECHTECK" wird in Großbuchstaben geschrieben.
  ▸ Die Linienart ist nicht „gepunktet" sondern „gestrichelt".
  ▸ Die Füllfarbe ist nicht „türkis" sondern „blau".

Lösungen zu „3.11 Am Ziel" – Seite 87

Das große Info-Quiz

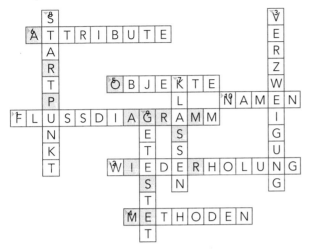

P R O G R A M M I E R A S S

1 Klassen sind die **Baupläne** für **Objekte**, die in Programmen verwendet werden können. Klassen legen **Attribute** fest. Ein Attribut besteht aus einem **Attributnamen** (unveränderbar) und einem **Attributwert** (veränderbar). Die Klasse legt auch **Methoden** fest. Das sind **Anweisungen**, welche nur ein Objekt dieser Klasse ausführen kann.

In der **Klassenkarte** (eckig) sind der Klassenname, die Attributnamen und die Methoden übersichtlich dargestellt. In der **Objektkarte** sieht man den Objektnamen, den Namen der Klasse und die Attributnamen mit den gespeicherten Attributwerten.

2 Je größer Programme werden, desto wichtiger ist eine gute Planung. Auch wenn im Team gearbeitet wird, kommen ohne Flussdiagramme schnell Probleme auf, welche viel Zeit kosten und es werden grobe Fehler riskiert.

3 a)

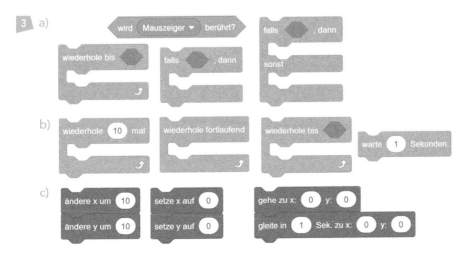

4 Das Speichern eines Countdown ohne Variable ist nicht möglich, denn die Restzeit wird zum Subtrahieren benötigt.

Hier findest du das Grundwissen aus den früheren Jahrgangsstufen.

Der Computer

Das EVA-Prinzip
Das EVA-Prinzip ist das Grundprinzip der elektronischen Datenverarbeitung. Es setzt sich aus Eingabe, Verarbeitung und Ausgabe zusammen.

Eingabe   Verarbeitung   Ausgabe

Hardware – Software
Hardware nennt man all die Geräte und Bauteile eines Computers, die in ihm verbaut oder an ihn angeschlossen sind. Software sind Programme bzw. Apps. Das Betriebssystem macht ein Rechensystem erst funktionsfähig.

Speichern
Speichermedien sichern vor dem Verlorengehen. Man unterscheidet zwischen der internen Festplatte und mobilen externen Speichermedien.

intern   extern

Dokumente und Dateien
Durch die Umwandlung eines Dokuments in einen Binärcode kann es als Datei auf einen Massenspeicher abgelegt werden.

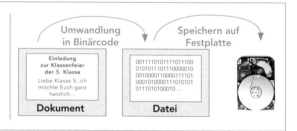

Der Dateimanager
Der Dateimanager besteht aus dem Navigations- und dem Inhaltsbereich. Er zeigt Laufwerke, Ordner und Unterordner an. Mithilfe des Kontextmenüs können die Ordner organisiert und übersichtlich angeordnet werden.

Eine übersichtliche Ordnerstruktur hilft bei der Strukturierung der gespeicherten Dateien und Ordner.

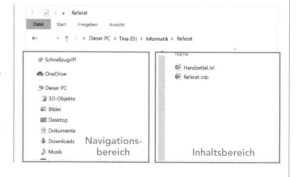

Hier findest du die wichtigsten Begriffe zum Computer:

Eingabe	Arbeitsspeicher	Festplatte
Verarbeitung	Rechensysteme	Dokument
Ausgabe	Hardware	Datei
EVA-Prinzip	Software	Zwischenablage
Zentraleinheit	Betriebssystem	Ordner
Prozessor	Speichern	Dateimanager

Internetdienste und -anwendungen

Der Browser als Weg ins Internet
Der Browser ist ein Programm, das die Tür zum Internet öffnet. Alle Browser schauen zwar anders aus, haben jedoch stets die gleichen Grundfunktionen.

Suchmaschinen
Eine Suchmaschine ist ein Programm, das Webseiten gezielt nach Informationen durchsucht.
Es gibt Suchmaschinen extra für Kinder. Diese liefern Suchergebnisse passend für die Altersstufe und verzichten meist auf Werbung.

Die Suchmaschinen für Erwachsene mit dem größten Marktanteil:

Die bekanntesten Suchmaschinen für Kinder:

Die Suche in Suchmaschinen
Suchbegriffe müssen einfach, eindeutig und genau sein.
Eine Suchwortliste kann als Vorbereitung helfen. Man kann in Suchmaschinen auch nach bestimmten Dateitypen suchen.

Suchstrategien
Mit den Operatoren AND, OR und NOT kann die Suche weiter eingeschränkt werden.
Auch die Bilderrückwärtssuche oder die Suche mit Platzhalter sind manchmal hilfreich.

Die Qualität der Informationen
Informationen können absichtlich oder versehentlich falsch sein.
Beispiel: Die Information kann veraltet sein. Deshalb ist eine Überprüfung der Suchergebnisse sinnvoll.

Das Urheberrechtsgesetz und Quellenangabe
Das Urheberrechtsgesetz gilt in Deutschland automatisch. Es schützt das Werk des Urhebers bzw. der Urheberin und gilt bis 70 Jahre nach dessen bzw. deren Tod. Verwendet man Inhalte aus fremden Werken, ist stets anzugeben, woher das Werk stammt und wer es geschaffen hat.

Creative Commons

Mithilfe der Creative Commons (kurz: CC-Lizenzen) kann der Urheber oder die Urheberin eines Werkes anderen Personen zusätzliche Rechte bei der Nutzung des Werkes einräumen.

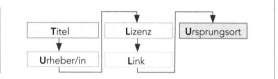

Icon	(i)	(s)	(o)	(=)
Kürzel	by	nc	sa	nd
Bedeutung	Namensnennung	nicht kommerziell	Weitergabe unter gleichen Bedingungen	Keine Bearbeitung

(0) CCO-Lizenz

Die TULLU-Regel

Auch bei lizenzfreien Werken muss die Quelle angegeben werden. Die TULLU-Regel hilft dabei, an alle nötigen Angaben zu denken.

Titel → Lizenz → Ursprungsort
Urheber/in → Link

Das Zitat

Das Zitat ist eine besondere Quellenangabe. Man unterscheidet direkte und indirekte Zitate. Ein direktes Zitat muss gekennzeichnet werden, z. B. durch Anführungszeichen.

Zitat
- direktes Zitat: wörtliche Übernahme aus einem fremden Text
- indirektes Zitat: Übernahme einer Information aus einem fremden Text (nicht wörtlich)

Fake News

Fake News sind bewusst falsche Informationen, um jemandem zu schaden oder z. B. die politische Meinung zu beeinflussen.

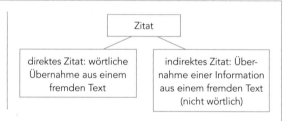

FAKE NEWS

Das Kunsturheberrechtsgesetz

Das Kunsturheberrechtsgesetz verleiht das Recht am eigenen Bild. Bevor ein Bild, ein Video oder eine Tonaufnahme veröffentlicht wird, muss derjenige, der darauf zu sehen oder zu hören ist, sein Einverständnis geben. Es gibt wenige Ausnahmen.

§ 22 KUG:
Bildnisse dürfen nur mit Einwilligung der Abgebildeten verbreitet oder öffentlich zur Schau gestellt werden. [...]

§ 23 KUG regelt Ausnahmen von § 22 KUG:
▸ Bildnisse von Personen aus dem Bereich der Zeitgeschichte
▸ Bilder, auf denen Personen nur als Beiwerk erscheinen
▸ Bilder von Versammlungen, an denen Personen teilnehmen

Hier findest du die wichtigsten Begriffe zu Internetdiensten und -anwendungen:

Internet	Urheber / Urheberin	Zitat (direkt oder indirekt)
Browser	Werk	Kunsturheberrechtsgesetz
URL	Urheberrechtsgesetz	Recht am eigenen Bild
Suchmaschine	Quellenangabe	Fake News
Kindersuchmaschine	Plagiat	Qualität der Information
Datenbank	Operator	Suche mit Platzhalter (*)
Webcrawler	Bilderrückwärtssuche	Creative Commons (CC)
Suchwortliste	TULLU-Regel	Lizenz

Datenschutz und –sicherheit

Die Verschlüsselung von Daten
Unter Datenerfassung versteht man die Sammlung und Speicherung von personen-bezogenen Daten. Damit diese Informationen sicher verwahrt bleiben, können Dokumente mit einem Kennwort verschlüsselt werden.

Schutz persönlicher Daten im Internet
Hacker nutzen frei zugängliche Informationen um Verbrechen auszuüben. Daher soll man so wenig personenbezogene Daten wie möglich veröffentlichen und in unbekannten Webseiten eingeben.
Sich ohne Schutzprogramme im Internet zu bewegen ist riskant. Mit jedem Download einer Datei und jedem Klick auf einen Link können sich Viren einschleichen.

Ein Virenschutzprogramm erkennt Viren und wehrt diese ab.

Sichere Passwörter
Zum Schutz von Handy, Smartphone, Compu-ter, aber auch von Accounts (z. B. E-Mail), sind sichere PINs und Passwörter wichtig.
Bei der Vergabe der Passwörter sind beson-dere Kriterien zu beachten.

✓ mindestens acht Zeichen
✓ Groß- und Kleinbuchstaben
✓ Sonderzeichen, z. B.: ?, !, %, +, _
✓ mehrere Ziffern hinzufügen

Am **l**iebsten **e**sse **i**ch **d**ie **P**izza
Vierjahreszeiten **m**it **O**liven **u**nd **e**xtra **K**äse!'

vier ➞ 4
und ➞ &

Vermeidung von Datenverlust
Ein regelmäßiges Backup ist unbedingt notwendig, um gespeicherte Daten auf einem Computer zu sichern. Falls Daten verloren gehen, können sie so wiederhergestellt werden.
Daten können auch auf externen Festplatten, USB-Sticks oder einer Cloud gesichert werden.

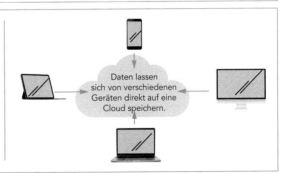

Daten lassen sich von verschiedenen Geräten direkt auf eine Cloud speichern.

Hier findest du die wichtigsten Begriffe zu Datenschutz und –sicherheit:

Datenerfassung	Backup	anonym
personenbezogene Daten	Cloud	Papierkorb
Hacker	Virenschutzprogramm	DSGVO
Passwort / Kennwort	Schadprogramme	Bildschirmsperre
PIN	Software	SIM-Karte

Beschreibung von Abläufen durch Algorithmen

Beschreibung von Abläufen

Abläufe bestehen aus einzelnen Handlungs-
schritten. Diese Schritte nennt man An-
weisungen.
Alle Anweisungen müssen ausführbar sein.
Weitere wichtige Regeln für Algorithmen:
▸ Richtigkeit
▸ Genauigkeit
▸ Vollständigkeit

Anleitung zum Händewaschen

Algorithmen

Ein Algorithmus ist eine spezielle Art von
Ablauf. Es gibt unterschiedliche Darstellungs-
formen, z. B.:
▸ Pseudocode
▸ Flussdiagramm

In einem Flussdiagramm können Wiederholungen durch Schleifen dargestellt werden.

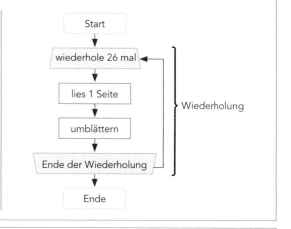

Einen Roboter steuern

Um einen Roboter zu steuern, …
▸ muss sein Anfangszustand und sein End-
  zustand bestimmt werden.
▸ benötigt man eine Zuordnungstabelle.
▸ müssen die Anweisungen so formuliert sein,
  dass der Roboter sie versteht.

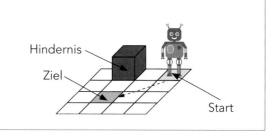

Vom Algorithmus zum Programm

Schreibt man einen Algorithmus in einer
Sprache, die ein Computer versteht, spricht
man von einem Programm. Solche Sprachen
heißen Programmiersprachen.

Eine dieser
Programmiersprachen
heißt Scratch.

Hier findest du die wichtigsten Begriffe zur Beschreibung von Abläufen und Algorithmen:

Anweisung	Richtigkeit	Muster
Reihenfolge	Genauigkeit	Schleife
Algorithmus	Vollständigkeit	Programm
Pseudocode	Anfangs- und Endzustand	Programmiersprache
Flussdiagramm	Ausführbarkeit	Implementieren

Programmieren

Die Oberfläche von Scratch
Die Oberfläche von Scratch teilt sich in drei wesentliche Bereiche auf. Die Skriptblöcke, der Skriptbereich und die Bühne.
Skriptblöcke werden mit der Maus in den Skriptbereich gezogen.

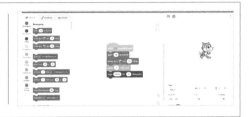

Anweisungen und Sequenzen
Figuren können mit Anweisungen auf der Bühne gesteuert werden. Fügt man mehrere Anweisungen zusammen, nennt man dies eine Sequenz.

Wiederholungen mit fester Zahl
Die Anweisung Wiederholung mit fester Anzahl nutzt man, wenn eine Sequenz mit einer bestimmten Anzahl an Wiederholungen ausgeführt werden soll. Der zu wiederholende Ablauf wird von einem Klammerblock umgeben.

Bedingte Anweisung
Bedingte Anweisungen nutzt man, wenn eine Sequenz nur unter bestimmten Umständen ausgeführt werden soll. Die Anweisungen im Klammerblock werden nur ausgeführt, wenn die Bedingung zutrifft (wahr ist).

Bedingte Anweisung mit Alternative
Bedingte Anweisungen mit Alternative nutzt man, wenn eine Sequenz nur unter bestimmten Umständen ausgeführt werden soll und man festlegen möchte, welche Anweisungen ansonsten ausgeführt werden sollen.

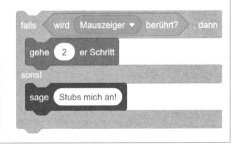

Die bedingte Wiederholung

Die bedingte Wiederholung nutzt man, wenn man eine Sequenz so lange wiederholen möchte, bis eine bestimmte Bedingung zutrifft (wahr ist). Die Anweisungen im Klammerblock werden so lange ausgeführt, bis die Bedingung zutrifft (wahr ist).

Schachtelung

Alle Arten von Klammerblöcke lassen sich aneinanderfügen und/oder und ineinander schachteln. Durch die Kombination und Schachtelung vieler und unterschiedlicher Klammerblöcke entstehen komplizierte Algorithmen.
Flussdiagramme helfen dabei, komplizierte Algorithmen zu modellieren und den Programmablauf leichter zu verstehen.

Testen und Verbessern

Beim Programmieren können Fehler entstehen, die dazu führen, dass ein Programm nicht das geplante Endziel erreicht. Systematische Fehleranalyse, z. B. durch Zerlegen eines Programms in Teilziele, gehört zum wichtigen Handwerkszeug in der Programmierung.

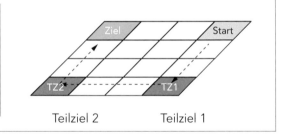

Teilziel 2   Teilziel 1

Hier findest du die wichtigsten Begriffe zum Programmieren:

Scratch	Teilziel	Programmablauf
Skriptblock	Projekt	bedingte Anweisung
Skriptbereich	Projektaufgabe	Verzweigung
Bühne	Projektstart	falls-dann-Block
Anweisung	Projektende	Alternative
Eigenschaftswerte	Definition	falls-dann-sonst-Block
Sequenz	Planung	bedingte Wiederholung
Wiederholung mit fester Anzahl	Durchführung	Schleife
Klammerblock	Abschluss	wiederhole-bis-Block
Schachtelung	Modell	
Fehler	Modellierung	

Alphakanal
Liefert Information über die Transparenz eines Bildes.

Anweisung
Kommando, Befehl (siehe auch Methode)

asynchrone Kommunikation
zeitversetzte Kommunikation

Attribut, Attributwert
Objekte einer Klasse haben den gleichen Bauplan. Diese gemeinsamen Eigenschaften nennt man Attribute. Objekte einer Klasse unterscheiden sich in ihren Attributwerten.

Auflösung
Gibt an, wie fein die kleinsten Abstufungen einer Grafik wiedergegeben werden.

Bedingung
Eine Frage, die das Programm prüfen und mit ja oder nein beantworten kann.

Browserbasierte Maildienste
Maildienst wird über eine Webseite angeboten. Die Einrichtung eines Accounts und ein Internetzugang sind Voraussetzungen.

CMYK-Farbmodell
Ein Farbmodell aus der Drucktechnik das aus den Farben Cyan, Magenta, Yellow und Black aufgebaut ist.

Collage
Ein Bild, das aus mehreren Bildern zusammengesetzt ist.

Cyber-Mobbing
Als Mobbing bezeichnet man das bewusste Ärgern, Beleidigen, Bedrohen oder Belästigen von Menschen über einen langen Zeitraum hinweg. Cyber-Mobbing ist eine Art von Mobbing, die im Internet stattfindet. Die große Verbreitung und die scheinbare Anonymität der Täter und Mitläufer machen das Cyber-Mobbing zu einem ernsten Problem.

digitaler Fußabdruck
Jeder, der sich im Internet bewegt, hinterlässt eine digitale Spur – einen Fußabdruck. Erfolgt dies durch bewusste Eingabe von Informationen, spricht man von einem aktiven Fußabdruck. Oft reicht aber schon das Aufrufen einer Internetseite, um Informationen an den Webseitenbetreiber zu liefern. Dann nennt man dies einen passiven Fußabdruck.

dpi (dots per inch)
Anzahl der Bildpunkte pro Zoll

Echokammer
Echokammern sind Filterblasen, die unser Denken und Handeln beeinflussen. Innerhalb eines sozialen Netzwerkes finden nur noch die Informationen, Meinungen und Kommentare Eingang, die der eigenen entsprechen. Eine Meinungsbildung findet nicht mehr statt, da sich in dem Netzwerk nur Gleichgesinnte treffen.

E-Mail
Digitaler Brief, der in der Berufswelt zunehmend den klassischen Brief in Papierform ablöst.

E-Mail-Client
Das sind E-Mail-Programme, die auf dem PC installiert werden müssen. Eine Internetverbindung ist nur zum Empfang und Versand von E-Mails nötig, nicht zum Erstellen, Lesen oder Löschen der E-Mails.

face-to-face Situatuion
Gesprächssituation, bei der sich Empfänger und Sender direkt gegenüberstehen.

Fake-Rezensionen
Fake-Rezensionen sind falsche Bewertungen von Produkten oder Dienstleistungen, die in betrügerischer Absicht erstellt werden.

Filterblasen
Filterblasen lassen nur ausgewählte Informationen an eine Person heran. Alle anderen werden abgeblockt, als würde es sie nicht geben. Der Filter wird aufgrund der hinterlassenen Spuren im Internet über einen Algorithmus erstellt. Spuren hinterlassen wir über Standortdaten, Suchanfragen, Posts, Bestellungen, …

Flussdiagramm
Eine Darstellungsart für Programme oder Teilprogramme mit Blöcken und Pfeilen für die Planung.

Gradationskurve
Werkzeug für die Tonwertkorrektur eines Bildes

Hatespeech
Cyber-Mobbing bedient sich einer beleidigenden und hasserfüllten Sprache.

Instant Messenger Dienst
Internetdienst, bei dem die Nachrichten ohne Zeitverzögerung – synchron – erfolgt.

Klasse
Eine Klasse ist ein Bauplan für Objekte. Dieser Bauplan legt Attribute und Methoden fest.

Klassenkarte
Rechteckige Karte mit drei Bereichen, die die Eigenschaften der Klasse zeigt. Es können Name, Attribute und Methoden abgelesen werden.

Kommunikation
Verständigung durch Zeichen und Sprache

Kommunikationsplattformen
Technische Einrichtung zum weltweiten Austausch von Informationen, Daten und Meinungen.

Kontrast
Helligkeitsabstufungen in einem Bild oder einer Grafik

Lichtfarben
Hauptfarben des Sonnenlichts Rot, Grün und Blau

Methode
Mit einer Methode kann man die Attributwerte eines Objektes verändern.

Netiquette
Verbindliche Verhaltensregeln zum wertschätzenden und rücksichtsvollen Umgang in sozialen Netzwerken.

Objekt
Objekte einer Klasse haben denselben Bauplan.

Objektkarte
Rechteckige Karte mit abgerundeten Ecken mit zwei Bereichen. Es können Name, zugehörige Klasse, Attribute und Attributwerte an einer bestimmten Stelle im Programm abgelesen werden.

Objektorientierung
Eine Sichtweise für die Programmierung, in der verschiedene Objekte miteinander zusammenarbeiten.

Phishing-Mail
Phishing-Mails beabsichtigen wichtige Daten – z. B. Bank- oder Zugangsdaten – zu erlangen. Damit kann großer Schaden angerichtet werden.

Pipette
Ein kleines Röhrchen um Flüssigkeiten aufzunehmen. In der Bildbearbeitung dient eine Pipette zur Farbaufnahme.

Pixel
ein Bildpunkt

primär
an erster Stelle

Programm
Handlungsschritte zum Lösen einer Aufgabe, die in einer für den Computer verständlichen Sprache geschrieben sind.

Projekt
Eine zeitlich begrenztes Vorhaben mit einem festgelegten Start und Ende. Ein Projekt durchläuft festgelegte Phasen.

Rastergrafik
ein aus vielen einzelnen Pixeln aufgebautes Bild

retuschieren
ausbessern

RGB
steht für die Lichtfarben Rot, Grün und Blau

Schachtelung
Ablauf von Anweisungen, innerhalb anderer spezieller Arten von Anweisungen (z. B. Schleifen)

Scratch
frei verfügbare, grafische Programmierumgebung

sekundär
an zweiter Stelle/nachfolgend

Sensor
Ein technisches Bauteil, das etwas fühlen, messen oder aufnehmen kann.

Sequenz
Abfolge von Anweisungen oder Methoden

skalieren
etwas in der Größe proportional verändern

Social Bots
Computerprogramme, die sich in den sozialen Netzwerken ähnlich wie ein Mensch verhalten. Sie können Diskussionen starten und Meinungen verbreiten. Dadurch besteht die Gefahr einer großangelegten Meinungsmanipulation.

Spam-Mail
Spam-Mails werden ungefragt an dein Postfach geschickt. Sie enthalten oft Kaufaufforderungen, aber auch Schadsoftware oder verfolgen betrügerische Absichten.

Spektralfarben
Die einzelnen Bestandteile, aus denen sich das weiße Licht zusammensetzt.

synchrone Kommunikation
Verständigung findet zeitgleich statt

Testphase
Wichtige Phase eines Projekts, in der Programmteile oder das ganze Programm ausführlich auf Fehler untersucht werden.

Toleranz
der Bereich, der noch akzeptiert wird

Variable
Zusätzlicher Speicherplatz für Informationen, welche mehrfach verwendet werden können.

Variablenwert
der gespeicherte Wert in einer Variablen

Vektorgrafik
ist aus wenigen Farben und einfachen, geometrischen Formen zusammengesetzt

Verzweigung
Das Programm prüft eine Bedingung und kann je nach Ergebnis unterschiedliche Methoden oder Sequenzen ausführen.

webbasierter E-Mail-Dienst
Web-Provider, d. h. Anbieter von E-Mail-Diensten bieten browserbasierte E-Mail-Dienste an. Über deren Webseite kann man einen Account einrichten.

Wiederholung
Mehrfaches Auftreten der gleichen (Folge von) Anweisungen.
Es gibt verschiedene Arten der Wiederholung.

.gif (Graphics Interchange-Format)
Grafikformat für Bilder

.jpg (Joint Photographic Experts Group)
Grafikformat für Bilder

.png (Portable Network Graphics)
Grafikformat für Bilder

Die verwendete Notationsform für Flussdiagramme entspricht nicht der DIN 66001. Die in diesem Buch verwendete vereinfachte Darstellung der Notation stellt eine didaktisch bedingte Reduktion dar.